KB044284

하이라이트

이 책은 '을유 1945' 서체를 사용했습니다.

하이라이트

하이라이트

읽고 쓰는 사람들을 위한
북스톤의 문장들

북스톤

읽기

영상 자막, 카드뉴스, 뉴스레터, 책까지
우리는 하루에도 수많은 글TEXT을 읽고 있습니다.

읽고 있는 글 너머
무엇을 읽고 있나요? 왜 읽나요?
과거, 현재, 미래 중 어느 때를 향하나요?
읽기는 우리를 어디로 데려다 줄까요?

요즘 말로 '음성 지원된다'고 하나요? 그 문장을 읽었을 뿐인데 그 문장을 쓴 이의 목소리가 들리는 것을요.

읽기를 조용히, 지극히 혼자 하는 일이라고들 하지만 사실은 저자와의 대화, 그것도 아주 깊은 대화라는 생각이 들 때가 많습니다. 아무에게도 말할 수 없는 고민을, 해결이 요원해 보이는 문제를, 캄캄해 보이는 미래를, 사라질 것 같아 안타까운 가치를, 때론 나만 웃긴 건가 싶은 엉뚱한 재미까지 들려주고 알려주고 풀어주는 기분이랄까요. 책을 덮었는데도 생각나거나 한 문장만 보더라도 그 책인 것을 바로 알아채는 건, 그만큼 깊고 인상 깊은 대화를 다녔기 때문일 겁니다.

쓰기

'쓰기'라고 하면 겁부터 먹기 쉽지만

사실 읽기만큼이나 쓰기도 많이 하고 있습니다.

캡처, 메모, 저장, 필사, 일기, 내 콘텐츠까지

순간적으로든 심사숙고했든

스마트폰이나 노트에, 내 눈과 마음에

흔적을 남겼다면 '쓰기'는 이미 시작되었습니다.

수많은 사람들의 생각과 마음에 꽂히는
저자의 한마디를 생각하며, 한 권 한 권의 책을
만들어왔습니다. 북스톤이 내세운 문장을 독자들도
공감해주는 모습, 생각지도 못한 문장의 가치를 찾아
알려주는 모습, 자신의 삶과 엮어 새롭게 해석해주는
모습 등을 보며 책을 만드는 일은 문장을 만드는
일이라고 새롭게 정의해봤습니다.

수많은 활자 가운데 우리의 눈을, 마음을, 생각을
사로잡았던 문장들을 모아 이 책으로 엮어 냅니다.

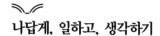

나답게, 일하고, 생각하기

'나다움' 없이는 살아남을 수 없는 시대에서
읽기와 쓰기는 나다울 수 있는
확실한 행동이자 도구입니다.

언제, 어디에 있든
무엇을, 어떻게, 왜 하는지
읽고 쓰다 보면 나다움을 잃지 않고
나다운 세계가 좀 더 확장되고 즐거워질 수 있습니다.

다양한 분야와 주제를 다룬 책을 내면서도 '북스톤 책 같다' '북스톤스럽다' '사고 보니 북스톤 책이더라고요'라는 말을 종종 듣습니다. '읽고, 쓰고, 나답게 일하고, 생각한다'는 공통점이 북스톤의 저자와 독자를 이어준 것이라 생각합니다. 그래서 《하이라이트》도 읽기, 쓰기, 나다움, 일하기, 생각(기획)하기, 브랜딩을 바탕으로 꾸렸습니다. 덧붙여 저자뿐만 아니라 함께해온 이들의 비하인드도 담았습니다.

방향을 찾을 때, 방향은 있는데 용기가 필요할 때, 방향도 없지만 변하고 싶을 때, 다 떠나 조금 피곤하고 심심하지만 마냥 시간을 흘려보내긴 싫을 때 《하이라이트》를 펼쳐 밑줄을 그어보세요. 바로 눈에 보이는 문장을 곱씹거나 앞뒤 문장을 함께 읽으며 좀 더 깊이 음미해봐도 좋겠습니다. 각 문장의 명사 자리에 자신의 이름을, 일을, 고민을, 엉뚱한 말을 넣어보면 자신의 문장이 더 빨리, 많이 다가올 겁니다.

당신에게서 비롯될 새로운 문장이 벌써부터 기대됩니다.

내 인생의 하이라이트가 시작되는 곳

각 문장에 자신의 이름을, 일을

고민을, 때로 엉뚱한 말을 더하며

자신의 이야기를 시작해보세요.

읽기

읽고 있는 글 너머
무엇을 읽고 있나요?
어떻게 읽어야 할까요?
왜 읽어야 할까요?
과거, 현재, 미래 중 언제를 향하고 있나요?
읽기는 우리를 어디로 데려다 줄까요?

생각 읽기

책을 읽는다는 것은 저자의 글을 읽는 것이 아니라

생각을 읽는 것이다.

마음 읽기

데이터는 마음이 없습니다. 마음을 읽는 것은 사람,

바로 여러분과 제가 할 일입니다. 마음을 읽을 수 있으면

이해할 수 있고, 이해할 수 있으면 배려할 수 있습니다.

어떻게 상대방이 원하는 것을 줄지 고민하고

상상할 수 있게 됩니다. 그럼으로써 나의 팬이 생기고,

내 인생이 일을 통해 의미를 찾게 됩니다.

상상하지 말라 _ 송길영

마디 읽기

언어가 자라나며 '마디'를 만드는 지점이 있다. 우리

사회의 인식이 진화하고 있는 흔적이다. 더 세밀해지는

언어, 더 평등해지는 언어, 정체성을 표현하는 언어,

더 많은 사람들을 배려하는 언어, 장면을 함축하는

언어의 성장과 자람에 주목하자. 언어의 성장이

만들어내는 '마디'를 읽지 못하면

우리의 언어는 새로운 가지를 뻗을 수 없다.

현실세계를 뛰어넘는 아름다움, 현실에 없는

새로운 가치를 창조하겠다고 하면서

섣불리 현실을 도외시하는 경우가 있다. 그러나

창조 이전에 관찰이 있다. 현실을 치밀하게 보는

관찰능력이 창조역량을 북돋을 수 있다.

가치관 읽기

사람의 가치관은 삶의 방식을 바꾸어놓는다.
먹고사는 문제에서 출발해 어떻게든 성공해야
한다는 게 우리 윗세대가 추구하는 삶의 가치였다면,
이제는 '그보다 중요한 것이 있다'며 각자가 스스로를
정의하기 시작했다. 그 각각의 삶이 라이프스타일이고,
그 삶의 모양은 더욱 다양해질 것이다. 그에 따라
사람들의 소비패턴도 다양해질 것이기에 무언가를
팔고자 한다면 라이프스타일을 눈여겨봐야 한다.
사람들의 삶을 이해해야 한다는 말이다.
우리나라뿐 아니라 우리와 같은 시대를 사는 다른 도시
상하이를 눈여겨봐야 하는 이유이기도 하다.

가치관 읽기

20만 원짜리 료칸이 가성비 좋은 숙박시설이 된 이유는
무엇일까? 가성비를 판단하는 기준이 달라졌기
때문이다. 이제 '시간'이 가성비를 판단하는 새로운
기준이 되었다. 비단 숙박시설뿐 아니라 소비생활
전반에 이러한 규칙이 적용되고 있다.

읽는 이유

사람들은 이제 사치의 럭셔리가 아니라

의식과 철학의 럭셔리를 찾는다.

'철학의 럭셔리'

책의 효과 세 가지 :

책은 있어 보인다.

책은 수면제다.

책은 인테리어 효과가 있다.

책 잘 읽는 방법 _ 김봉진

욕망 읽기

평타는 그 시대의 가장 많은 목소리가 응집해 있는
일종의 안전지대다. 사람들이 '안전'하다고 느끼는
그 지점을 읽는 것이 이 시대의 욕망의 수준을 읽는
중요한 단초가 된다.

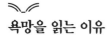

욕망을 읽는 이유

더 벌고 싶은 욕망 자체는 죄가 없어요.

다만 아무 생각 없이 돈 쓰는 게 죄인 것처럼,

나 스스로 설명하지 못하는 욕망은 죄더라고요.

자신을 들여다보고 진짜 욕망을 찾는 데 참고하면

좋겠습니다.

심상 읽기

우리는 기술을 바라보는 '사람들의 심상'은 읽을 수 있다.

디지털 시대를 바라보는 두려움, 흥분과 기대,

실망과 자조, 격앙됨과 허탈, 이 모든 것이 합쳐진

시대감성을 읽을 수 있고, 시대감성이 불러온 행동들을

관찰할 수 있다. 사람들의 행동들을 추적해보면

그들의 욕망이 어렴풋이 잡힌다. 그러한 욕망의 집합이

미래를 이끌 추동력이 될 것이다. 우리는 그 흐름을

트렌드라 부른다.

동상이몽이 책이 되기도 합니다.

출판사의 기획 의도는 '데이터 기반 트렌드

책'. 필진의 의도는 '실무진의 이름 석 자가

박힌 책'. 빅데이터가 명성을 얻었지만

정작 데이터 노동을 하는 실무진이 목소리를

낼 수 있는 곳이 많지 않다고 생각했기

때문입니다.

실무진이 직접 쓰고, 책에 본인의 이름을

박고, 공평하게 인세를 나누고자 하는

마음으로 시작했습니다. 그리고 벌써

7년째입니다. 트렌드가 트렌드가 되고,

팀으로 일해도 팀보다 개인의 성취가 중요한

시대가 되었습니다. 다른 꿈이라고 생각했던

'데이터' '트렌드' '직접' '내 이름' '공평함',

이 모두가 시대의 흐름과 함께 하나의 꿈이

되었네요.

작가 박현영

많이 읽는 법

음식을 많이 먹으려면 많이 시켜야 하듯이,

책을 많이 읽으려면 먼저 많이 사야 합니다.

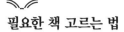

필요한 책 고르는 법

물건 정리와 돈 정리는 닮은 점이 참 많다. 물건도, 돈도
정리를 하려면 먼저 내가 가진 양을 파악해야 한다.
그다음에 필요 없는 물건과 남길 물건을 구분한다.
이 과정이 불필요한 소비와 꼭 필요한 소비를 구분하는
과정과 닮았다. 남기기로 결정한 물건을 어느 자리에
어떻게 수납할지, 남은 돈을 어디에 어떻게 소비하고
저축할지 결정하는 과정까지도 똑 닮았다.

하나를 비우니 모든 게 달라졌다 _ 이초아

상식 읽기

'함께 모여 자신의 느낌을 공유하는' 본래 의미로서의

상식(common sense)을 계속 현재시제로 업데이트해

유지하려면, 상상하지 말고 관찰해야 합니다.

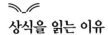

상식을 읽는 이유

기술의 발전은 천재 과학자가 주도하는 것이 아니라
사용자들의 합의에 의해 촉발된다. 자율주행은
기술 발전의 문제가 아니라 기계가 운전하도록 허용할
것인가의 문제다. 한 번 합의하고 나면 무서운 속도로
확산되고 사람들의 습관으로 자리잡는다. 공통의
경험은 새로운 합의를 이끌어내는 법이다.

2021 트렌드 노트
정유라 · 박현영 · 백경혜 · 구지원 · 조민정 · 정석환 · 신수정

읽는 이유

결국 재사회화입니다. 재사회화는 깨어 있으려는
노력입니다. 과거의 기준에 머무르지 않고 현재의
변화에 맞춰 혁신을 수용하는 자세가 우리를 과거가
아닌 현재에, 나아가 미래에 있게 할 것입니다.

읽는 이유

책을 읽는다는 것은 내 삶의 변명을 찾기 위해서도

위로를 찾기 위해서도 아니에요. 책을 읽는 것은

생각의 근육을 키우고, 내가 가지고 있는 편견,

고정관념을 깨고, 그동안 보지 못했던 것을 보기

위함이에요. 매번 책을 읽으며 '역시 내 생각이 맞았어~'

라는 생각이 든다면 뭔가 잘못되고 있다는 신호예요.

책 잘 읽는 방법 _ 김봉진

사람 읽기

'평균'으로 '보통'을 대신할 수는 없습니다. 우리는 모두
달라요. 평균은 낼 수 있지만 보통이란 건 없습니다.
우리는 누구나 변방에 있는 셈이에요. '정상인'이라는
말도 이상하긴 마찬가지고요.

소비자를 잘 몰라서 숫자로 파악하려고
할 때 우리는 평균의 함정에 잘 빠지는 것
같아요. 강릉을 좋아하는 남편과
을왕리를 좋아하는 아내가 평균값으로
합의를 봐서 두 지역 중간쯤인 춘천에
가면 둘 다 만족할까요?
평균으로 보면 소비자의 얼굴이 보이지
않게 돼요. 보통의 소비자, 보통의 고객은
없어요. 이름까지 알고 있는, 만날 수도
있는 구체적인 소비자 몇 명을 두고
그들을 위한 일을 계획해야 훨씬 더
실효성 있는 일을 만들 수 있더라고요.
당연히 더 재미도 있고요!

직기 장인성

진실 읽기

'the moment of truth'라는 영어 표현이 있습니다.

직역하면 '진실의 순간'이죠. 하지만 의역을 통한

더 정확하고 올바른 뜻은 '위기의 순간'이라고 합니다.

깊은 지혜가 녹아 있는 표현이라고 생각합니다. 우리가

경험한 수많은 '위기의 순간'이 사실은 얼마나 엄청난

'진실의 순간'이었습니까? 무언가 덮여 있던 것이

파열되어 그 아래 있는 것이 드러나는 순간이지요.

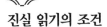

진실 읽기의 조건

인생을 살아가려면 용기가 필요하다. 내가 뭘 원하는지 당당하게 말하고 요구하는 용기도 포함이다. 살다 보면 곳곳에서 일어나는 불평등과 부당함을 바로잡기 위해 나서야 할 때가 오는 법이다. 사이드 메뉴로 감자튀김을 주문할 때도 마찬가지다.

상처주지 않고 상처받지 않는 단호한 말하기
에이미 피시 지음, 김주리 옮김

읽기의 쓸모

인구학이 그려내는 미래의 모습을 보고, 우리의 삶이
그 안에서 어떻게 펼쳐질지 성찰한다면, 비록
객관적으로 좋지 못한 여건이라 해도 자신의 미래를
좀 더 긍정적인 방향으로 '정해나갈' 수 있을 것이다.

우리나라 초저출산의 원인이 뭐냐는 질문에 많은 이들이 청년들이 지향할 수 있는 곳이 서울 한 곳밖에 없어서라고 답합니다. 덧붙여 오늘의 인구는 국가와 사회는 물론이고 개인의 미래에도 큰 영향을 줄 거라고도 말씀하십니다.

인구와 관련해 지극히 당연해 보이는 이런 관점들은 불과 6년 전인 2016년만 해도 너무나도 생소하고 이상한 생각들이었습니다. 정부도 언론도 국민들도 우리나라 초저출산은 열악한 보육환경 때문이라 여겼고, 오늘의 인구가 미래와 밀접하게 연결될 거라곤 거의 생각하지 못했습니다.

인구와 미래를 바라보는 관점의 이 엄청난 변화는 저의 첫 책 《정해진 미래(2016)》 로부터 시작되었습니다. 그 후 2021년에 출판한 《인구 미래 공존》까지, 제가 북스톤과 함께 작업한 네 권의 책은

인구학의 대중화와 인구 변화를 바라보는

새로운 담론을 형성했다는 평을 받고

있습니다. 북스톤이 없었다면 쉽지

않았겠죠. 인구와 관련된 모든 분야에서

가야 할 길을 알려주는 마일스톤 같은 책이

꾸준히 이어지기를!

작가 조영태

설령 그 미래가 어둡다 해도 미리 알 수만 있다면,

미래가 정해져 있다는 것은 오히려 무엇보다 큰 기회가

된다. 반대로 아무리 정해진 미래가 밝다 해도 그

모습을 알 수 없다면 기회는 남의 몫이 될 것이다.

읽기의 쓸모

불안한 시대에는 뭐든 불안하기 마련이지만, 남의 말을 들고 덜컥 떠안은 불안보다는 내가 충분히 공부하고, 연습하고, 쌓은 감으로 선택하는 불안이 더 감당하기 편하지 않을까. 투자에서도 내가 가장 중요하다는 것, 잊지 말아야 한다.

읽기의 쓸모

자동화가 진행될수록 미래의 직업은 크게 3가지로
분류될 것이라 말했습니다. "첫째는 로봇과 인공지능을
개발하는 사람, 둘째는 로봇과 인공지능에 의해
작업지시를 받는 사람, 셋째는 로봇과 인공지능에 그
작업을 지시하는 사람입니다."

이 말은 내 일자리와 내 직업이 사라질지 유지될지
판단하는 유용한 기준이기도 합니다. 여러분의 직업,
나아가 여러분의 자녀가 갖게 될 직업은 어디에 속해
있는지 곰곰이 생각해볼 일입니다.

공부하는 기계들이 온다 _ 박순서

어떤 부모들은 아이의 20년 치 로드맵이 머릿속에 다
그려져 있다지만, 나는 아이의 20일 뒤 모습도 점 하나
마음대로 찍을 수가 없다. 그 대신 내비게이션에
나오지 않는, 더디고 돌아가는 구불구불한 길이라도
아이와 함께 목적지를 찾아가는 과정을 즐겨보려 한다.

쓰기 위해 읽기

나 역시 내가 풀어갈 인생이 객관식이길 바라는 사람이
었다. 내가 고민하는 것들이 보기에 나열되어 있고,
그 안에서 답을 찾고 OMR카드에 옮긴 뒤 엎드려
쉴 수 있는 삶이길 바랐다. 가끔씩 수정 테이프로 답을
고치는 정도면 괜찮을 것 같았다. (…) 그럼에도 다시
주관식에 도전해보고 싶어졌다. 좋은 직장, 좋아하는 일,
좋은 사람들. 생각해보면 내 주변에는 좋은 것들이 참
많다. 어렵게 주관식을 풀어온 노력이 나를 비교적
행복하고 안전한 삶으로 이끌어준 것이라 믿는다.
하지만 지금 내 앞에 또 질문지가 놓였다는 것은
지난번에 쓴 답의 유효기간이 끝났다는 뜻이겠지.

기록의 쓸모 _ 이승희

쓰기

무엇을 쓸 수 있을까요?
어떻게 써야 할까요? 왜 쓸까요?
어렵게 느껴지지지만
지금 당장 할 수 있는 일이기도 합니다.
모든 쓰기는 나로부터 비롯되니까요.

쓰기의 쓸모

어쩌면 진정한 기록의 쓸모란 그동안 알지 못했던
'나의 쓸모'를 찾아가는 것인지도 모릅니다.
모든 기록에 나름의 쓸모가 있듯이
우리에게도 각자의 쓸모가 있을테니까요.

쓰기의 쓸모

'지금 당신의 인생을 세 줄로 표현한다면?'

여기에 답하려면, 다음 질문에도 대답할 수 있어야 한다.

내가 살아온 시간, 일해온 시간을 어떻게 기록하고

앞으로 어떻게 살 것인가. 그 기록과 이야기는

우리 삶보다 생명력이 길다. 기록과 이야기는

오래도록 남아 다시 당신을 드러낸다.

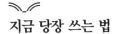

지금 당장 쓰는 법

지금 바로 5~10분 정도 시간을 내서 갖고 싶은 물건,

하고 싶은 일, 15년 후에 되고 싶은 것을 모두 적어보자.

미래에는 직업을 바꾸고 싶은가? 자영업을 할 것인가?

새로운 곳에 가서 살고 싶은가? 당신의 비전에는 어떠한

정신적, 신체적 요소가 들어가는가? 인간관계나 직업에

관한 요소도 있는가? 무엇을 하며 시간을 보낼 것인가?

누구와 함께 시간을 보내고 싶은가?

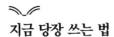
무엇을 어떻게 행할 것인가?

무엇을 행할지는 자신이 좋아하는 것, 잘할 수 있는 것,

나의 철학에 맞는 것으로 정해야 한다. 어떻게 행할지는

여기 정답이 있다.

하나, 남보다 먼저 해야 한다.

둘, 꾸준히 해야 한다.

셋, 직접 해야 한다.

넷, 기록으로 남겨야 한다.

지금이라도 써야 하는 이유

지금보다 한 걸음 나아가는 데 '퍼스트 무버'인지
'패스트 팔로워'인지는 중요한 고민이 아니다. 내가
처음이 아니라 하더라도 그 길을 멋지게 따라가 보자.
그러다 보면 한 번은 퍼스트 무버가 될 순간이 올지도
모르니까. 적어도 내 삶에는 퍼스트 무버의 순간일 테니.

쓰는 이유

세상에는 두 종류의 사람이 있다. "나는 불행한 것이 싫어"라고 말하는 사람과 "나는 행복한 것이 좋아"라고 말하는 사람. 시간이 흐를수록 나도 모르게 취향이 뾰족해지고, 좋아하는 것을 더 깊게 파고 있음을 깨닫는다. 그럴수록 예민함의 긍정적 에너지에 주목하려 노력한다. 주위에 높은 벽을 쌓는 것이 아니라, 좋은 것과 아름다움을 발견하는 예민함을 갖추려 한다. 내가 사랑하는 사람들이 읽고 다 함께 행복한 이야기를 더 많이 나누기를 바라며 기록.

쓰는 이유

내가 보기에 좋은 것, 남도 알았으면 싶은 걸 알릴 때
글을 쓴다. 써보면 어렴풋이 알 수 있다. 알리려는
대상에 대한 내 생각이 온전히 정리되었는지 아닌지
말이다. '그냥 좋으니까'라고만 적어도 충분할 때도
있겠지만, 그 감정을 더 자세히 관찰하고 살피다 보면
'내가 이걸 왜 좋아하지?' '왜 굳이 글까지 써서 알리려고
하지?'에 대한 단서를 발견할 수 있다.

저자 노트

북스톤의 제안으로 글쓰기에 관한 책을 쓰기로 마음먹은 뒤 한동안 밤잠을 설쳤다.

내가? 그것도 글쓰기를? 감히?

하지만 이건 명백한 계약이고, 저자로서 마감에 맞춰 뭐라도 써내야 했다.

글쓰기를 둘러싼 모든 걸 펼쳐놓고 톺아보던 중, 내가 외부 청탁을 제외하고 주로 언제 글을 쓰는지 자문해봤다.

두 가지 패턴을 발견했다.

하나는 감정이 움직일 때, 다른 하나가 앞에서 언급한 부분이다. 실제로 빈도를 살펴보면 전자보다 후자의 경우가 훨씬 많다. 내가 보기에 좋은 것, 남도 알았으면 싶은 걸 알릴 때 쓴 글들은 자기 생각을 정리할 뿐 아니라 세일즈 감각을 키우는 데도 도움이 됐다. '이건 이러저러해서 좋더군요. 그러니 한 번 살펴봐주시겠어요? 당신 마음에도 들면 좋겠어요'라고

설득하는 행위와 다르지 않기 때문이다.

그럼 혼자 즐기면 될 걸, 왜 굳이

남에게까지 알리고자 할까. 그냥 관심 받길

좋아하는 저자 성향이려니 생각해주셨으면

한다. 나아가 세상엔 멋지고 좋은 것들이

너무 많은데, 모르고 스쳐 지나가기엔 이번

생이 너무 아깝기도 하고.

그렇게 나는 오늘도 소셜미디어에

오지랖 포스팅을 하나 끄적여 본다.

작가 손현

쓰는 이유

결국, 글로 쓰지 않으면, 여행의 모든 경험은 사라진다.

반면, 글을 쓰다 보면 경험의 의미를 되새기고,

경험한 시간에 쓰는 시간이 더해져, 내 안에서 경험이

재창조되고, 더 깊이 각인된다. 그렇기에 '쓰지 않으려고

여행을 떠났지만, 또 써야 하는 딜레마'를 겪는다.

나는 이것을 '작가의 여행 딜레마'라고 부른다.

기차와 생맥주 _ 최민석

기억 쓰기

사무친 기억을 글로 쓰자. 비슷한 경험을 겪은 이들의
고백이 아니었으면 나도 버티기 힘들었을 것이다.
그들의 사연을 읽으며 두 가지 생각을 했다. '우리만
이런 비극을 겪는 건 아니구나' '나처럼 이유를 찾고자
하는 사람을 위해 언젠가 나도 글로 정리해야겠다.'
기록은 우리 부부를 위한 것이기도 했다.

감정 쓰기

인간은 기계가 아니라 감정의 동물이다. 큰 변화를 겪을 때는 이를 거부하는 심리가 작동하기 마련이다. 따라서 감정적 기복을 예상하고 대비해야 한다. 이런 기복이 생긴다고 해서 자신이 못나거나 나쁜 사람이라는 뜻은 아니다. 글쓰기 계획에 문제가 있거나 작가로서 자질이 없다고 생각할 필요도 없다. 유독 짜증이 심한 날에 그간 공들여 써온 글을 모두 포기해버려서도 안 된다. 사실 끔찍하게 하기 싫은 날에 억지로 써낸 글이라도 나중에 보면 생각보다 꽤 괜찮은 경우가 많다. 그러니 감정적 동요가 있더라도 꾸준히 글을 써야 한다.

생각 쓰기

영감의 수집에 여러 방법이 있겠지만, 나 같은 경우에는
생각을 언어로 남기는 데 꽤 많은 시간을 할애한다.
꾸준히 글을 쓰는 것도, 인터뷰 질문을 뽑을 때
일상의 대화에서 힌트를 얻는 것도, 습관적으로
영감노트를 쓰는 것도, SNS에서 받은 질문에 했던 답을
기록하는 것도 모두 생각을 언어로 남기는 작업이다.
생각을 언어로 남기는 것은 일종의 결과물을
만들어내는 과정이기에, 상당한 비중을 차지할 수밖에
없다.

제가 운영하는 인스타그램 '영감노트ins.note' 계정을 책으로 내보고 싶다고 제안했을 때는 '아카이브'를 만들고 싶다는 생각이었어요. 그동안 쌓아둔 일상의 대화와 질문들, 일을 좀 더 재미있게 하고 싶어서 기록한 아이디어, 감명 깊게 읽은 책과 영화, 영상, 저의 생각을 형태가 있는 것으로 남겨보고 싶었죠. '의미 있는 시도'가 될 거라는 출판사의 제안을 받아들였는데 실제 책으로 내고 나니 독자들의 반응이 훨씬 더 구체적이고 촘촘했습니다.

작가 이승희

판매도 기대보다 좋았지만 독자들의 반응이야말로 기대 이상이었어요. 영감을 특별한 것으로 바라보기보다 '나도 내 일상을 기록하고 공유하고 싶다. 매 순간이 의미 있고 소중하다'는 이야기를 해주시는 분들이 많았어요. 실제 모임이나 기록을 통해 영감을 공유하는 분들도 많아졌고요.

이런 게 책의 진정한 순기능 아닐까요?

여행 쓰기

여행을 좋아하는 많은 이들이 공감하겠지만, 기록은
여행의 재미를 높이는 데 무척 중요한 행위다. 그래서
많은 사람들이 여행 중에 사진을 찍고, 일기를 쓰고,
그림을 그리고, 트윗을 날린다. 더욱이 마케터라면
기록을 게을리해서는 안 된다. 통찰이 반드시 여행
중에만 생기는 것은 아니기 때문이다.

의미 쓰기

우리는 모든 것을 볼 수 있고 모든 것에서 의미를

찾을 수 있다. 그리고 이 모든 것은 기록될 수 있다.

기록된 것을 직업이나 자신의 삶과 연결시킬 수도 있다.

이를 '실행'이라 부른다. 관찰과 실행, 그 사이를 이어주는

기록. 내가 마케터로서 기록을 시작한 이유다.

가치 쓰기

크기와 가치 사이에는 아무런 관계가 없다. 우리 집에서 가장 중요한 전등은 거실에 있는 커다란 샹들리에가 아니라, 밤중에 자다가 일어났을 때 무언가에 걸려 넘어지지 않기 위해 켜는 작은 전등이다. 우리의 존재감은 크기가 아닌 쓰임새가 결정한다. 그리고 쓰임새를 결정하는 것은 우리가 무슨 가치를 원하느냐에 달려 있다.

전문성 키우기

진짜 인플루언서가 되어 수익을 얻으려면

재미, 정보, 공감을 가지고 사람들에게 '전문가로

인정'받아야 합니다. 누군가의 재미, 정보, 공감을

빠르게 가져와 소개하는 것도 중요하지만

그것만으로는 한계가 있습니다. 나름의 시선이나

포인트가 있어야 전문가입니다.

전문성 키우기

덕후와 전문가의 차이는 다른 게 아니다. 바로 '영혼'의 차이다. 전문가가 기업의 의뢰를 받아 지식을 공부해서 기술적으로 실행한다면, 덕후는 영혼을 듬뿍 담은 애정을 토대로 실행한다.

2017 트렌드 노트
백경혜 · 신수정 · 염한결 · 이원희 · 이효정 · 정유라

전문성 키우기

직장인 글쓰기의 80~90%는 기존의 글이다. 쓰는 글이

반복된다는 것이다. 기존 영역이 아닌

아예 새로운 글쓰기는 20%도 채 되지 않는다.

항상 반복하는 80~90%의 글쓰기 체계를 탄탄하게

잡아놓아야 한다.

쓰는 정성

어떤 글이든 매일 열 줄씩 쓰는 행위에는 꽤 대단한
공력이 들어간다. 굳이 수치로 표현하자면 아침에
일어나 신선한 원두를 정성껏 갈아 커피 한 잔을 내리는
정성의 7.2배쯤 될까. 나를 소개하는 글도
열 줄이 될까 말까인데, 매일 스쳐가는 일상에서
글감을 찾아내는 작업은 단순히 '어렵다'의 수준
그 이상이다.

기록의 쓸모 _ 이승희

영감을 기록하면서 바뀐 또 하나는 내 삶을

반성할 수 있게 된 것이다. 잘못을 뉘우치거나

부족한 부분을 탓하는 반성이 아니라,

나와 다른 생각을 수용하려는 노력에 가까운 반성이다.

쓰기 위한 용기

다시 말하지만, 나를 싫어하는 사람의 마음을 바꿔
나를 좋아하도록 만드는 일은 불가능하다. 그러니
내 글을 좋아할 사람들에게 집중하는 것을
목표로 삼도록 한다. 불필요한 걱정으로 두통에
시달리느니, 그들만 생각하면서 그들이 좋아할 만한
글을 쓰는 데 집중하는 게 훨씬 낫다.

12주 작가수업
트레버 트롤·브라이언 모런·마이클 레닝턴 지음, 정윤미 옮김

순간을 기록하기

사진에 찍히는 그 순간만큼은 당신이 세상이라는

영화의 주인공입니다. 우리는 서로를 인생의 주인공으로

만들어 주는 참 친절한 사진가들입니다. 사진을 잘 알건

알지 못하건 좋은 카메라를 갖고 있건 핸드폰 카메라를

사용하건, 누군가의 인생의 찰나를 담는 순간

우리는 모두 사진가가 됩니다. 잘 찍고 못 찍고는

큰 의미가 없습니다. 한번 지나가면 영원히

다시 오지 않을 지금 이 순간을 기록했다는 것이

중요할 뿐입니다.

저자 노트

감사하게도 출간 후 더 다양한 분들의
인생을 찍을 기회가 주어졌습니다. 그중
기억에 남는 것은 배민과 협업해 서울
을지로 공업소 골목 장인들의 삶을 찍은
프로젝트였는데요. 세종문화회관에서
'어이 주물씨, 왜 목형씨'라는 전시도
열었습니다. 사실 스타가 아닌 일반인을
사진으로 담는 작업은 매우 어렵습니다.
삶의 주인공으로 서본 경험이
거의 없기 때문이죠. 하지만 좋은 사진은
결국 충실한 인생과 마주하는 데서
시작된다고 믿습니다. 누군가가 살아온
시간을 소중하게 바라보는 순간, 아름다운
사진이 보이기 시작하거든요. 사진이
넘쳐나는 세상에서, 인생을 찍는 일은
참으로 즐겁습니다.

작가 김명중

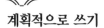

계획적으로 쓰기

이 세상은 글쓰기가 아닌 다른 할 일을 우리 앞에
끝없이 던져줄 것이다. 그러므로 글을 제대로 쓰려면
글을 쓰기로 계획한 시간을 뺏기지 않도록 하고,
그 시간에는 온 정신과 마음을 쏟아야 한다.
의도적으로 시간을 잘 관리하려고 노력하지 않으면,
결코 의도한 결과물을 얻을 수 없다.

12주 작가수업
트레버 트롤·브라이언 모런·마이클 레닝턴 지음, 정윤미 옮김

꾸준히 쓰기

실현 가능한 가시적 목표, 반복의 기록, 자기관리적

측면은 코로나 이전부터 지속적으로 관측되는 변화다.

이제 화두는 자기계발이 아니라 자기관리다. 사람들은

자신에게 주어진 시간을 의미로 채우고자 한다.

무엇을 통해? 각종 기록과 챌린지 그리고

리추얼을 통해서다.

2021 트렌드 노트
정유라·박현영·백경혜·구지원·조민정·정석환·신수정

습관이 만들어지려면 기본적인 체력이 있어야 한다.
기록에도 체력이 필요함은 물론이다. 내가 정의하는
'기록 체력'은 신체의 형태와 기능을 기반으로
환경의 변화에 대응해 기록력을 유지하는 힘이다(방금
지어낸 말이다). 변화에 반응하는 일종의 방어적 능력이다.

꾸준히 쓰기

사람은 의사결정을 할 때 기억에서 정보를 가져오는데,

최근의 기억을 선호하는 경향이 높다고 합니다.

인스타그램을 통해 꾸준히 제품과 서비스에 대해

반복 노출하는 노력 역시 소비자 머릿속에서

'최근의 기억'이 되기 위함입니다. 이렇듯 인스타그램 속

의미 없어 보이는 반복 행동 역시 심리학적으로 보면

'꾸준한 전략'인 셈입니다.

인스타그램 심리학 _ 문영호

서사를 갖기 위해서는 자격이 필요하다.

'서사'는 이 시대의 새로운 품격이자 존엄이 되었다.

긴글쓰기

긴 글을 쓴 사람은 더 오래 기억에 남는다.

글쓰기의 쓸모 _ 손현

긴글쓰기의 효용

아마존 창업자 제프 베이조스Jeff Bezos는 사내
회의에서 파워포인트 발표를 금지시키고 직원들에게
최대 6장의 기획서나 보고서를 서술형 문장으로
쓰도록 했습니다. '4페이지짜리 글을 잘 쓰는 것은
20페이지 파워포인트를 만드는 것보다 더 어렵다.
서술형 문장을 쓰는 것은 무엇이 중요한지,
각 아이디어들 간의 연관성은 무엇인지에 대해서 계속
고민하도록 만들기 때문이다'라고 이유를 설명했습니다.

잘 쓰는 법

좋은 카피라이팅은 곧 '내가 쓴 것을 하나씩 버리는 일'
입니다. 카피라이터로서 연차가 제법 되고 나서야
깨달은 사실입니다. 머리로 이해한 만큼 잘 실천하지는
못했지만요.

또 한 가지, 크리에이터들에게 강조하고 싶은 사실이
있습니다. 좋은 아이디어는 '남들이 다 좋다고 인정하는
것'이라는 사실, 그리고 크리에이터 스스로가 그 결과를
겸허히 받아들여야 한다는 것입니다. 모두가
공감하지 않는 아이디어라면 과감히 포기할 줄도
알아야 합니다. 충분한 자기검열을 통해, 자기 안에 있는
남의 눈으로 자기 카피를 과감히 걸러낼 줄 알아야
합니다. 여과지로 불순물을 거르고 걸러야 정말 좋은
추출물이 나오는 것처럼 말입니다.

잘 쓰는 법

"글쓰기와 균형이 어떤 관계가 있을까?"

"내 몸에 힘을 빼야 수영을 오래 할 수 있거든.

글쓰기도 마찬가지야."

잘 쓰는 법

인간이 겪는 대부분의 고통은 삶의 균형이 깨어진 데서
옵니다. (…) 그러면 사람들은 삶의 균형을 맞추기 위해
현실의 저울에 무언가를 더 올려놓으려 애씁니다.
자녀의 더 좋은 대학, 자신과 배우자의 더 좋은 직장,
더 많은 수입과 같은 것이죠.
그런데요, 균형을 맞추는 길에는 현실의 쟁반에
더 얹는 방법뿐 아니라 욕망의 저울을
덜어내는 방법도 있습니다. 이것이 바로
포기할 수 있는 용기이며 지혜입니다.

포기하는 용기 _ 이승욱

나다움

나다움이란 뭘까요?

재미있는 일인가요? 어려운 일인가요?

그 과정이 좀 더 즐거울 수 있을까요?

확실한 건 하나, 내가 정해야 한다는 사실입니다.

나다움이란

'자기다움'을 지킨다는 것은

변화 없음을 뜻하는 게 아니다.

본질은 흔들지 말되 껍질은 끊임없이 바꿔야 한다.

나다움은 동사

할까 말까 할 땐 하고, 살까 말까 할 땐 사세요.

그 돈과 시간만큼의 자산을 남기면 됩니다.

최선을 다해 경험합시다.

마케터의 일 _ 장인성

나다움은 동사

나는 내가 하나씩 행동한 결과들이 쌓여 만들어지는
거잖아요. 생각 없이 행동하면 생각 없는 사람이 되지만,
생각을 갖고 행동하면 원하는 모습으로 되어가겠죠.

나다움은 동사

고민의 총량이란 내가 했던 시도의 총합이므로,
내 전문성 및 숙고의 결과를 파는 것입니다. 이는
시간의 축적도 있지만 이해와 지식의 총합도 되기
때문에, 그만큼의 해박함을 어떻게 만들어갈지를
고민해야 합니다. 그게 결여돼 있으면 노동을 팔아야
하는데, 노동은 AI가 가져갈 테니까요.

나다움은 동사

미니멀라이프가 어느 정도 익숙해지니 좋은 점 중

하나는, 누군가 물건을 준다고 해서 무조건 받는 게

아니라, 내가 주도권을 가지고 물건의 필요 여부를 한 번

더 판단하게 되었다는 것이다. 이런 경험이 쌓이니

이제는 물건뿐 아니라 누군가가 나에게 하는 말,

행동 등에 대해서도 수동적으로 받아들이며

일희일비하지 않고, 적극적으로 말과 행동을 구분하고

받아들이는 힘이 생겼다.

나다움은 동사

좋아하는 것이나 취미는 '나다움'의 중요한
구성요소입니다. 취향과 취미를 가꿀수록 기획에
활용할 수 있는 '나다움'도 강화됩니다. 시야도 넓어지고
정보량도 증가하죠. 또한 즐거운 시간을 보내면서 얻은
것은 기획에도 즐겁게 활용할 수 있습니다. 늘 일이 많고
바쁘기 때문에 취미를 늘리기가 간단하지 않다면, 일과
관련한 분야에서 의식적으로 취미를 늘려가면
어떨까요? 현재의 '나다움'에서 미래의 '나다움'으로
어떻게 발전시킬지 직접 연출해보면 좀 더
나다운 기획을 다양하게 만들 수 있습니다.

기획은 패턴이다
가지와라 후미오·이바 다카시 지음
김영주·모모세 히로유키 옮김, 이원제 감수

내가 정하기

"자기 것이 있어야 유행도 안 타."

내가 매력을 느끼는 이들은 모두 자기답게 사는

사람들이었다. 누군가를 따라 하는 사람이나 브랜드는

시간이 지나면 트렌드라는 파도에 휩쓸려갔다. 심지어

'자기다움'이라는 말조차 유행이 되어버린 느낌이다.

나답게 하라는 건 특별하거나 특이하게 하라는 게

아니다. 스스로 기준을 정하고 그걸 잃지 말라는

뜻이다.

내가 정하기

'혹시 몰라서' '언젠가 쓸까 봐' 사용하지도 않으면서
가지고 있는 건 사실 내 기준이 없다는 의미이기도
하다. 혹시 몰라서? 나는 알아야 한다. 언젠가?
그 언젠가는 내가 정해야 한다.

내가 정하기

나를 표현하는 키워드는 시간에 따라 바뀔 수 있다.

그럼에도 현재의 내가 어떤 사람인지 정의하는 일은

중요하다. 결정을 내려야 하는 순간 스스로가

가장 솔직하게 원하는 대로 움직일 수 있게

이끌어주기 때문이다.

내가 정하기

지금은 설령 내가 어느 회사에 다니는 사람,

누구의 엄마/아빠라 할지라도 그 정체성만으로

나를 규정하려 하지 않는다. 나는 누구누구의 팬,

무엇무엇을 좋아하는 사람 혹은

싫어하는 사람으로서 정체성을 갖고 있다.

다시 말해 우리는 팬으로 살아간다.

2020 트렌드 노트

엄한결·이원희·박현영·이예은·구지원·김정구·정유라

나다움은 여행

접고 밑줄 친 내용들하고는 언젠가 다시 대화를 나눌 수
있어요. 읽었던 책을 몇 년 지나서 다시 펼쳤을 때
그 밑줄을 시작으로 다시 여행을 떠날 수 있답니다.

《책 잘 읽는 방법》으로 책 읽기를 전도해준
김봉진 작가는 출간 후에도 SNS를 통해
꾸준히 책을 추천해주었습니다. 책 속
구절을 다 적지는 못하지만,
책 제목만이라도 공유해봅니다.
《노자 마케팅》,《크래프톤 웨이》,《왜
리더인가》,《가장 좋은 의사결정을 하는 5
가지 방법》,《엘리트 세습》,《가난한 사람이
더 합리적이다》,《디커플링》,《인재로
승리하라》,《네이비씰 승리의 기술》,
《리더는 하루에 백 번 싸운다》,
《스트레스의 힘》,《창조하는 뇌》,
《피드포워드》,《사업을 한다는 것》,
《0.1cm로 싸우는 사람》,《인류의 미래》,
《그로잉 업》,《엘리트 독식사회》 등이
있습니다. 이 중에 읽은 것, 읽고 싶은 것은
무엇인가요?

나다움은 여행

공항에서 생맥주를 마시다 보면, '아니, 바깥에서는 왜
이 맛이 안 났지?' 할 만큼 눈이 커진다. 첫 모금을
들이켤 때부터 목에서 시원하게 넘어가, 여행의 기억과
정서가 내 몸 안에 퍼지는 것 같다. 약간 과장하면,
여행의 추억과 내가 하나가 되어, 내가 여행이 되고
여행이 내가 되는 물아일체를 경험하는 것 같다.

나다움은 여행

휴식은 나를 비우기 위함이 아니라

나를 일깨우기 위함이다.

나다움은 여행

'○○까지 갔는데 ××를 안 갔어?' 이런 말을 정말이지
싫어하는데 나는 여행에서 필수코스라는 걸
대체 누가 만드나 싶다. 꼭 먹어봐야 하는 것,
꼭 가야 하는 곳. 명물과 명소로 도배되어 모두가
천편일률적인 경험을 하고 오는 것이 여행의 목적일까.
아무리 좋다 한들 관심 없는 분야의 명소를 보는 것이
좋은 여행을 만드냐 하면 아닌 것 같다.
사람 바글거리는 명소보단 동네 문방구가, 도시에서
유명해서 관광객들이 많이 찾는 고급 식당보단 그저
오며가며 현지인들이 부담없이 찾는 소박한 음식점에서
먹는 밥이 좋다. 유명한 거 말고, 내게 의미 있는 거.
그러면 시간에 쫓기지 않고 행복한 여행이 된다.
남들이 좋다는 것보단 내가 좋은 것을 한다.

이 책의 시작은 저자가 직접 출간한 독립출판물 《도쿄규림일기》입니다. 얼핏 보면 일기장인지 책인지 구별하기 어려울 만큼 날것의 형태로 만들었습니다. 여행지에서 남들이 좋다는 것보다 내가 좋은 것을 한다는 작가의 말처럼, 내가 좋아하는 것을 보여주는 데 주력한 셈입니다. 타인의 기준이나 세상의 잣대가 A컷이라면, B컷은 내가 진짜 좋아하는 끝까지 끌어안고 싶은 것입니다. 여러분의 B컷은 무엇인가요.

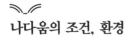

나다움의 조건, 환경

생각해보면 나는 사과 씨앗인데, 요즘 파인애플이
핫하다고 파인애플이 되게 해달라고 간절히 기도했었다.
파인애플에 좋다는 관엽식물용 토양에 나를 심어
키웠다. 고온 다습한 환경이 좋다고 온실에서 키웠다.
정성을 들인 끝에 새싹이 텄다. 하지만 파인애플은
열리지 않았다.

오늘의 나는 사과 씨앗에 맞게 애지중지 길러준다.
이 씨앗의 가능성을 최대한 키워준다. 그렇게 해서
세상에서 가장 새콤달콤한 사과가 열린다. 이처럼
내가 잘 사는 방법은 가장 나답게 사는 것이다.
이것을 깨달은 나는 두려움과 부정적 마인드의 한계를
넘어 내게 맞는 길을 걷는다. 이것이 곧 자유다.

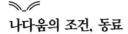

나다움의 조건, 동료

스스로 해내기 힘든 일이 있다면? 실행이 어렵다면?
나를 촉진시켜줄 수 있는 환경 안에 스스로를
자꾸 던져보라 말하고 싶다. 계속 성장하고 변화하는
나를 보면서 자신감이 생길 테니까. 어쩌면 영감을
주고받을 수 있는 사람이야말로 진짜 동료 아닐까.
함께 머리를 맞댈 수 있는 사람, 솔직하게 의견을
나눌 수 있는 사람이 내게는 동료다.

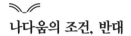

나다움의 조건, 반대

자신의 아이디어에 반대하는 사람을 '해결의 실마리를
제공하는 훌륭한 아군'이라고 생각하는 편이 낫습니다.
반대하는 사람은 불가능한 이유를 열심히 찾아서
알려주는데, 그게 오히려 문제 해결의 힌트로
연결된다는 사고방식입니다.

기획은 패턴이다
가지와라 후미오·이바 다카시 지음
김영주·모모세 히로유키 옮김, 이원제 감수

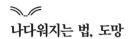

나다워지는 법, 도망

도망가세요. 답이 없습니다.

부정적인 사람은 사람의 에너지를 갉아먹습니다.

인간은 잘 바뀌지 않고, 그를 미워하면 나만 힘들어요.

그 사람이 나에게 미치는 영향을 줄일 수 있게

멀리 떨어지세요.

마케터의 일 _ 장인성

외로울 땐

타인의 인정을 얻기 위해 살아가는 것은 고통스러운 일입니다. 스스로를 인정하기 위해 겪는 과정도 고통스럽습니다. 우리는 이 두 가지 고통 중 한쪽을 택해야 합니다.

외로울 땐

외로움은 관계의 영역이 아닌 자아의 영역이다.

외로움을 씁니다 _ 김석현

외로울 땐

기억해야 할 변화의 상수 3가지 :

당신은 혼자 삽니다.

당신은 오래 삽니다.

당신 없이도 사람들은 잘 삽니다.

외로울 땐

‘혼○’ 단어들의 공통적인 특징은 나만의 즐거움을 표현한다는 것입니다. ‘혼○’은 관계 단절이 아니라 자발적으로 자기만의 즐거움을 찾아가는 적극적인 즐거움의 표현어입니다.

나와 타인

저는 인간 최초의 비극이 이것이라고 생각합니다.

가장 먼저 인식된 개체가 자신이 아니라

타자라는 사실 말입니다.

저는 '이해가 안 간다'는 말을 경계합니다. 제 마음을

알아채는 바로미터 같은 건데요, 이해가 안 간다는

생각이 들 때마다 '아, 내가 그 사람을 싫어하는구나'라고

생각합니다. 좋아하는 사람이 나와 전혀 다른 의견을

내거나 다른 행동을 하면, 동의하지는 않아도 그러려니

하고 이해해주잖아요. 그런 측면에서 보면 사실

이해가 안 가는 일은 별로 없어요. 싫어하는 마음을

'이해가 안 간다'고 표현하는 거죠. 바로 이 지점에서

문제도 해결할 수 있습니다. 상대방이 싫을 때, 그러니까

이해가 가지 않는다고 생각될 때 내가

저 사람의 의도를 나쁘게, 다르게 판단하고 있는 건

아닌지 생각해보는 거죠.

나와 타인

생각해 보면 우리는 조금씩 자신의 삶 속에서

악의라고도 할 수 없고 선의라고도 할 수 없는

기이한 역할극을 수행하죠. 원하지 않는 요청을

거절하느라 갑자기 매우 바쁜 것처럼 연기할 수도 있고,

직업을 알아맞혀 보겠다면서 오답을 말한 택시기사의

기분을 맞춰 주기 위해 맞다고 해 줄 수도 있을

것입니다. 사랑에 빠지지 않았지만, 너무 외로워서

사랑에 빠진 것처럼 굴 수도 있겠죠.

당신은 어떤 때에 다른 사람이 된 것처럼 구나요?

어쩌면 그 순간 진짜 나의 마음과 마주하게 될지도

모르겠습니다.

나와 타인

공감은 때로 이성적 판단의 틀을 넘어설 수 있도록

돕기도 하고, 참을 수 없는 우리의 감정을

제어할 수 있도록 해주기도 합니다.

여러분의 공감력은 어떠신가요?

작은 배려로 우리는 행복을 찾을 수 있다.

행복은 자유로움이다. 이 간단한 원리가 복잡한

인권문제를 해결하는 실마리가 아닐까.

배려할 때 진정한 자유가 온다.

자유와 평등은 일견 상충하는 개념이다. 현실의
인간 사회는 평등하지 않으며 누구나 배타적 자유를
즐기고 싶어 하니 말이다. 이 두 개념을 변증법적으로
융합시킬 제3의 개념이 우애를 뜻하는 'fraternite'다.
타인에게 해를 끼치지 않는 선에서 원하는 모든 것을
할 수 있는 자유와, 덕성과 재능 이외의 요소로는
차별받으면 안 된다는 평등의 공동체적 가치,
이 두 가치가 공존하기 위해서는 우애가 필요하다.
주변에 대한 애정 어린 시선으로 사회를 살필 때
자유로운 구성원들이 공동선을 추구하는 문화가
조성될 수 있기 때문이다.

나와 공동체

공존은 삶의 방식이라기보단 생존방식에 가깝다.

제한된 공간에서 서로가 피고 지는 시기를

달리함으로써 경쟁을 피하는 지속 가능한 생존방식이

'공존'이다.

나와 공동체

디지털 시대의 인권문제는 나와 남의 경계가 없다.

우리 모두의 문제다. 우리도 모르는 사이

우리의 존엄성이 훼손되고 가진 자와

그렇지 않은 자의 격차는 더 벌어지고,

새로운 차별이 등장하고 있다.

남의 존엄성이 훼손되면

나의 인권도 침해될 수밖에 없다.

그래도 나아간다는 믿음 _ 서창록

나를 믿기

내가 나를 믿고, 내가 나를 키우는 사람은, 타인을
살리는 삶을 살 수 있습니다. 아픔을 가진 사람들에게
믿음과 응원을 보내는 존재가 되겠다는 목표를 가지고,
든든한 '한 사람'이 되어주기 위해 노력하는
사람들이었습니다. 타인을 살리는 사람의 인생이야말로
의미 있습니다.

저는 교도소, 소년원, 성매매 여성들, 가출 청소년들을 만나 그들의 마음을 어루만지는 일을 계속 해오고 있습니다. 극심한 고통에 빠진 사람들은 스스로 인생의 의미와 가치를 찾기 어렵지만, 모든 인생에는 의미가 있고, 주어진 사명이 있다고 믿기 때문입니다. 살면서 누군가에게 믿음을 주는 존재가 될 수 있다는 것만큼 가치 있는 일이 또 있을까요? 자신의 삶에만 코를 박고 살면 우울해질 수밖에 없습니다. 이 책은 더 많은 이들과 같이 울고 웃는 삶, 타인을 살리는 삶을 살아보자는 제안입니다.

작가 박상미

나를 믿기

자신감, 자괴감, 자만심 모두 내 안에서 만드는 것이다.

실력 없이 겸손한 것도

지나치게 자만하는 것도

지양하는 내가 되고 싶다.

나를 믿기

개인적으로 'Own it!'이라는 말을 좋아한다. 지금 이
순간 자신 있게 이 상황을 내 것으로 '가져!
만들어!'라는 뜻이다. 삶에, 대화에, 맞고 틀린 것은 없다.
가장 나다운 마음과 그 마음 그대로 전하는 말이
있을 뿐. 그 말을 '내 것으로 만들고' 말할 수 있다면
저절로 상대방과 상황도 own it 할 수 있다.

파이팅 대신 own it _ 김엔젤라

진짜 나

돈을 생각한다는 건 나를 생각하는 일이다.

덜 쓰며 내 욕망의 깊이를 들여다봤다면

더 벌며 내 행복의 크기를 가늠할 수 있지 않을까.

저자 노트

원래는 '돈 버는 법'을 알려주려고 쓰기 시작한 책이 결국 '내가 되는 법'으로 세상에 나왔습니다. 책을 쓰는 동안에도 저의 경험과 생각이 달라지고, 편집자님과 오래 이야기를 나누면서 '앗, 내가 이런 생각도 했구나'라고도 생각했습니다. '이전과 달라졌다'기보다는 점점 확장되었달까요. 작가 김짠부(김지은)

편집자 노트

"그 다음은요?" 작가에게 질문하는 것이 편집자의 특권이기도 하지만, 그날은 '너무했나' 싶을 정도로 이 질문을 많이 했습니다. 이 다음 단계, 그 다음 목표, 그때 추구할 가치 등 묻는 족족 답하는 작가님을 보면서 놀라웠어요. 마치 그 대화시간이 심리상담을 받는 시간 같았달까요. 돌아가는 길에 '난 늘 코앞만 보면서 사는 걸까' 하곤 스스로에게 '그 다음'을 물어봤습니다.

진짜 나

가짜가 진짜가 된다는 건, 꼭 일뿐 아니라 살아가는
모든 영역에서 필요해요. 흔히 '삶에서 진짜가 되어라'
'진짜 자신의 삶을 살아라'라고 말하잖아요. 이런 말이
있다는 건 필연적으로 가짜가 있다는 거죠. 가짜라는
건 어쩔 수 없이 무조건 만들어져요. (…) 진짜가 되기
위해서는 자신이 무엇을 하고 있는지 계속 물어봐야
한다고 생각해요 (…) 그럴 때일수록 '잠깐만, 내가
뭐 하고 있는 거지' 하고 물어보는 거죠. 삶의
중요한 순간에 가끔 질문할 수도 있지만, 매일 일하는
작은 순간마다 꾸준히 물어보고 답해야 '진짜'를
잃어버리지 않는 것 같아요. 그래서 일이란 게
자기 삶을 훈련시키는 데 좋고요.

나의 러닝메이트

롱런의 조건은 간단하다. 시간을 충분히 확보하기.

내 한계를 인지해 무리하지 않기. 목적을 함께 이룰

러닝메이트를 찾기. 만약 러닝메이트를 찾기 어렵다면?

5년 뒤, 10년 뒤의 '나'를 가상의 러닝메이트로 삼으면

어떨까? 미래의 나를 기준으로 어떤 목표를

성취했을 때의 기쁨을 상상해보면

현재의 내가 무엇이든 시작하지 못할 이유는 없다.

무엇보다 시간을 가지고 있기 때문이다.

그 소중한 시간이 지금도 똑바로 흐르고 있다.

일하기

나다움을 내가 정의하는 것이라면
내가 하는 일도 내가 정의할 수 있습니다.
앞으로 다가올 세상에선
더 정확한 '내 일의 정의'를 요구할 것입니다.
그러니까 지금부터,
나는 무슨 일을 하고 있나요?

일 개척하기

우리는 롤모델이 없는 세상에 살고 있다. 일에 대한
욕구는 점점 다변화되는데, 길을 먼저 걸은 사람은
잘 보이지 않아 스스로 길을 개척해야 하는 상황이다.
가만히 서서 중심을 잡는 것만도 쉽지 않은데
방향을 잡고 어디론가 나아가야 한다. 심지어
일을 하면서 원래의 자신을 점점 잃어버리기도 한다.

'책바'를 차리기 전, 그러니까 회사를 다닐 때 가장 많이 했던 생각입니다. 부모 세대와 달리 정년을 보장받지 못하고 평균 수명 또한 늘어나 그 갭이 점점 커지고 있다고 생각했고, 현실이기도 했습니다. 회사를 다니며 불확실함에 끌려다니기보다는, 회사 밖으로 나가 사회에서 주체적으로 살아가는 방향이 맞다고 판단했어요. 책바라는 공간을 만들고 싶은 꿈도 있었기에, 빠르고 명확하게 결정했다고 생각합니다. 그런 면에서 저는 운이 좋은 편이었고, 회사에 다니면서 열심히 버티는 분들을 정말 존경합니다. 마지막 문장처럼 자신만 잃지 않으셨으면 좋겠습니다. 혹 그런 어려움 앞에 있다면 책바를 방문해주셔도 좋겠습니다.

작가 정인성

일 디자인하기

나의 일을 새롭게 디자인해야 한다. 어쩌면 우리가

불행한 이유는 스스로 결정하지 못하는 것들로

내 시간을 채워서일지 모른다. 수면시간을 빼면

24시간 중 가장 큰 비중을 차지하는 '일하는 시간'을

나에 맞게 디자인할 수 있다면 성공도 성장도, 나아가

행복까지도 내 가치에 맞게 설계할 수 있지 않을까.

새로운 인정에 목마른 우리에게는

새로운 고민이 필요하다.

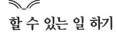

할 수 있는 일 하기

'하고 싶은 걸 하세요!'라고 흔히 말한다. 내 행복을 위해
너무 중요한 말이지만 그것보다 더 중요한 건 할 수 있는
것부터 하는 것이다. 지극히 개인적으로 '하고 싶은 게
없어요'라는 말은 쉽게 수긍할 수 있다. 우리가
돈 공부를 따로 해야 한다는 걸 몰랐던 것처럼
나 공부도 해본 적 없기 때문이다. 하지만
'할 수 있는 게 없어요'는 있을 수 없는 말이다.
회사 업무, 수업 내용과 과제, 취미활동 등 매일
반복하는 일이 할 수 있는 일이기 때문이다. 대부분
사람은 자신이 할 수 있는 일을 잘 잊는다.

주어진 일 하기

지금 나에게 주어진 주부라는 일을 잘 감당하면 분명
나중에 기회가 왔을 때 다른 일도 잘 할 수 있을 거라는
생각이 든다. '당장은 눈에 보이지 않더라도 지금처럼
매일 주도적으로 살아가면 이런 하루하루가 쌓이고
쌓여 나중에는 뭔가 되어 있지 않을까?' 하고 기대한다.

일 만들기

모두가 '크리에이터'가 될 수 있는 시대에 내가

생각하는 크리에이터란 완전히 새로운 것을 만들어내는

사람이 아니다. 자신의 이야기를 자유롭게 꺼낼 수 있는

사람, 자기 생각으로 일을 만들 줄 아는 사람이라면

누구나 크리에이터 아닐까.

별게 다 영감 _ 이승희

티끌부터 하기

'티끌 모아 흙무더기, 그리고 태산이다.'

티끌 모아 태산이 여전히 믿기지 않는다면, 티끌 모아

흙무더기 정도는 만들 수 있는 현실을 봐야 해요.

티끌조차 못 모으면 결국 아무것도 만들지 못한다는 걸

깨달아야 합니다.

다음 일 하기

재즈는 어쩌면 틀리지 않았을지도 모른다고 말합니다.

지금 겪는 크고 작은 실패들이 정말로 틀린 것인지는

아직 결정되지 않았다고 말입니다. 우리는

그것이 틀리지 않도록 만들 수 있는

다음 할 일을 고민해야 합니다.

해내는 힘

일의 기본이 되는 구조는 업계나 담당 업무와 관계없이
크게 다르지 않다. MD, 마케터, 서비스 기획자,
디자이너 등 직무는 다양해도 일의 기본기는 비슷하다.
문제해결을 위해 방법을 찾는 것. 안 되면 되게 하는 것.
그 과정에서 원활한 소통, 다른 사람의 참여, 협의,
조율을 거쳐 일을 완료하는 것이다. 어떤 상황에서든
일이 되게 하려면 오너십이 있어야 한다. 스스로
오너십을 갖고 일하는 사람은 성장한다. 업계를 넘어
어떤 일을 하더라도 해내는 힘을 갖게 된다. 나 역시
그랬다. MD로서도, 인생에서 어떤 목표를 달성하는
데에도, 원하는 삶을 위해 다음 단계로 이동하는
데에도, '해내는 힘'은 늘 중심에 있었다.

목표 없이 살던 시절이 있었다. 대학교는 왜 가야 하고, 공부는 왜 해야 하는지. 하고 싶은 것도 좋아하는 것도 없이 그저 하루하루 살아가던 20대 어느 날, 패션 브랜드 MD를 하기로 결심하면서 목표가 생겼다. 해내고 말겠다고 생각한 순간, 다른 세상이 펼쳐졌다.

MD가 된 후에는 업계의 한 획을 긋는 브랜드로 만들겠다는 목표로, 좋아하는 일을 하면서 삶을 업그레이드하고 싶다는 열망으로 이어졌다. 그 덕분에 MD부터 브랜드 디렉터까지 스무 살의 세상과는 색다른, 다양한 경험들을 할 수 있었다.

'해내는 힘'은 '스스로를 기획하는 사람'이 잘 발휘할 수 있다. 스스로의 삶을 기획하는 사람에게 일이란, 단순히 '회사의 일'이나 해야만 하는 일이 아니다. 자신의 인생과 맞닿아 있는 목적과 같다.

이루고 싶은 일이 있는가? 지금 마음을
먹으면 된다. 끝까지 해내고 말겠다고. 다만
어떤 일을 하든, '스스로를 기획하는
사람'이 되어야겠다는 태도가 필요하다.

작가 허윤

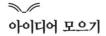

아이디어 모으기

특별한 설비 투자는 필요 없습니다. 종이와 펜 그리고
상상력만 있다면 카피는 쓸 수 있습니다. 아이디어도
물론 낼 수 있고요. 아이디어는 어디에서 나오냐고요?
넘어져 다친 일, 실연당하고 너무 울어서 눈이 퉁퉁
부은 일, 옷가게에서 예쁜 원피스를 찜해놓고 그
원피스를 입기 위해 다이어트를 결심한 일, 리조트에서
카드키를 깜빡하고 나왔는데 프런트에 아무도 없어
옆방에 사정을 이야기하고 발코니를 넘어갔던 일…
이 중 어떤 에피소드가 제가 겪은 것인지는 여러분
판단에 맡기며, 우리가 경험하는 모든 것이 아이디어가
되고 스토리가 될 수 있다고 강조하고 싶습니다.

이유에 충실하기

좋은 방법은 '왜'에 충실합니다. 이유가 뭐고 문제가
뭔지 알아야 제대로 풀 수 있습니다. 망치를 손에 쥐고
있으면 못으로 해결하고 싶어집니다. 본드로 붙이면
더 깔끔하고 튼튼할 것도 말이죠. 수단을 먼저
정해버려서 아쉬운 결과를 내는 일이 없도록 합시다.

이유에 충실하기

세상에 '그냥'은 없다고 생각한다. 그냥 좋다고
눙쳐버리는 것도, 결국은 수많은 이유가 더해져
나온 마음이다. 그래서 이유를 끝까지 찾아내는
훈련이 필요하다. 그러다 보면 스스로를
솔직하게 정의할 수 있는 순간도 찾아올 것이다.

몰입하기

몰입은 사람을 비이성적으로 만듭니다. 그리고 비이성적일 때 떠지는 눈이 있습니다.

몰입하기

스스로의 목표에 도전하기 위해서는 균형에만 집착해선 안 됩니다. 때로는 공평한 시간 배분을 무너뜨리고 한 가지에 집중해야 합니다.

몰입하는 법

시간에 몰입하는 세 번째 노하우는 글쓰기 검토를 위한
'회의'를 잡는 것이다. '오후 3시에 보고서 리뷰를 위한
회의를 하겠습니다'라고 팀 내부에 선언한다. 당신의
글을 팀원들이 함께 보게 된다. 커피 한 잔 마시고
담배 한 대 피우고 와서 슬슬 글쓰기를 할 수 없게 된다.
온 정신과 영혼을 끌어모아 글쓰기에 집중하게 된다.

워라밸

축구에서 이기려면 '90분 안에' 골을 넣어야 한다.

워라밸은 골은 넣지 않고 짧게 일하라는 것도 아니고,

90분을 넘겨서 넣으라는 것도 아니다. 정해진 시간 안에

업무를 처리하고 쉴 때 쉬라는 것이다. 이것이

차 부회장이 생각하는 워라밸이다.

일에서의 행복

진정한 행복이란 나 개인의 생활을 즐기고,

하고 싶은 일을 자기 페이스대로 하는 것.

부지런하기

부지런은 좋지만 바쁨은 나쁩니다.

마케터의 일 _ 장인성

혼자 일하기

혼자일 때는 빨리 갈 수 있는 실행력이 뒷받침돼야
한다는 이야기다. 고민은 깊게 하되, 결정을 내린
순간부터는 신속하게 움직여야 혼자가 빛날 수 있다.

비효율

저도 효율만 생각하면서 살던 때가 있었습니다. 하지만 비효율적으로 흘려보내는 시간이야말로 새로운 발상을 하게 해주고 몰랐던 것을 알게 해주는 원천임을 깨달았습니다. (…) 평소와 다른 시도를 할 때마다 나의 세계는 조금씩, 확실히 넓어집니다. 이런 낭비와 비효율의 세계를 알고 나면 효율만 따지는 과거의 삶으로 돌아갈 수 없습니다. 비효율의 세계에는 늘 새로운 즐거움이 있거든요.

시간 버리기 연습 _ 와카스기 아키라 지음, 김은경 옮김

내가 좋아하는 일을 하기 위해서는 싫어하는 일을
그보다 10배는 더 해야 한다.

저자 노트

이 문장이 문득 떠올랐을 때는, 제가 게임회사를 창업하고 얼마 안 되었을 때였습니다. 직원들의 식비나 문구류 구매 영수증을 회계사에게 보내기 위해 풀칠하며 정리하고 있었습니다. 당시 직원들도 이 일을 정말 싫어했거든요.

직원들에겐 코딩하라고 일 시키고, 제가 직원들 몫까지 하고 있었던 거죠. '정말 원했던 창업을 했지만, 내가 싫어하는 영수증 정리를 해야 하는구나, 직원들이 싫어하는 일까지 떠맡는구나.' 배부른 생각이었습니다. 그후 정말 하기 싫은 일을 해야 했거든요. 회사가 어려워져 직원들 한 명 한 명에게 더 이상 월급을 줄 수 없다고 말하며 정리해고를 할 때였습니다. 원하는 일을 하기 위해 하기 싫은 일도 해야만 하는 창업가의 숙명, 누구에게나 다가올 운명이지 않을까요.

작가 임정민

내공 쌓기

우연히 만난 어느 사장님에게서 '중국집이 절대 망하지
않는 비법'을 듣게 되었습니다. 호기롭게 시작한
첫 사업을 말아먹고 나니 절대 망하지 않는다는 말에
귀가 번쩍 뜨였습니다. 사장님 말인즉슨
중국집 주방 일은 일반인들이 상상도 못할 만큼
고되어서 반년도 못 가 주방장이 바뀌기 일쑤라고
합니다. 걸핏하면 관두는 주방장 때문에 (혹은 덕분에)
사장님은 짜장면이나 탕수육 같은 기본 메뉴는
직접 만들게 되었다고 합니다. 결국 주방장이 없어도
중국집을 운영할 수 있는 최소한의 내공을 갖춘
사장이 되는 게 망하지 않는 비법이었습니다.

파는 일을 돕는 코치로서 하고 싶은 말은 너무 많지만 하나만 꼽으라면 이것입니다. '이커머스 세상의 창업자라면 모든 일을 잘하지는 못하더라도, 모두 다 할 줄은 알아야 한다'는 겁니다. 물론 업무를 다 파악하고 해냈다고 해서 누구나 '망하지 않는 사장'이 될 수 있는 건 아닙니다. 사장이 업무를 꿰고 있어도 잘못된 방향으로 간다면 망할 곳은 망하죠. 그러나 적어도 망하지 않을 조건은 갖출 수 있습니다. 하나 더 언급한다면 무조건 경험을 쌓으면서 일을 배우시길 권합니다. 직접 해보면서 배운 일과 그렇지 않은 일의 차이는 너무나도 큽니다. 경험을 쌓은 후에야 철학을 이야기할 수 있는 것처럼요.

작가 나유업

내공 쌓기

간단한 글쓰기를 하찮은 일이라고 생각하는 후배들이 있다. 회사에는 시간은 걸리지만 조직을 위해 해야 하는 일상적인 일들이 있다. 일일동향 보고, 주간업무 보고, 월간업무 보고, 회의결과 정리 같은 일들이다. 작은 일이라도 최선을 다해 글쓰기를 하자. 작은 일에 최선을 다하다 보면 정보가 집중된다. 팀이, 본부가 돌아가는 일을 알게 된다.

협업의 힘

'함께 일하길 잘했어.'

이것은 만족 그 이상의 칭찬이다.

기획은 패턴이다

가지와라 후미오·이바 다카시 지음

김영주·모모세 히로유키 옮김, 이원제 감수

협업 잘하는 법

우리 사회 모든 곳에서 권위가 깨지고 있습니다. 기업이
갖고 있던 엄격함, 근엄함, 진지함을 내려놓아야 합니다.
유연하고 솔직해져야 합니다. 무엇보다 유머를 잃지
마십시오. 모든 것을 다 잘하는 친구도 친하게 지내고
싶은 친구는 아닙니다. 사람들은 개성 있고 매력적인,
어느 한 구석이 뛰어난 친구와 가까이 하고 싶어 합니다.

협업 잘하는 법

디지털 시대의 마케터는 디지털 채널에서 얻은 정보를

다른 마케팅 조직에 어떻게 공유하고 협업할지

고민하고 실천해야 합니다. 다양한 마케팅 분야를

경험한 사람은 이 과정을 좀 더 수월하게 해낼 수 있을

것입니다. 최대한 많은 분야의 마케팅을 경험해보되,

경험하지 못한 분야에서는 협업과 공유의 마인드셋을

갖춰 일해야 합니다. 스페셜리스트는 하루 아침에

탄생하는 것이 아니라 정교하게 다듬고 만들어가는

사람에 가깝습니다.

성장

책임을 다하는 과정에서 성장도 성공도 따라온다.

성장

따져보면 지금 청년들은 기성세대 못지않게 도전적이다.
나아가 굉장한 욕심쟁이들일지 모른다. 어느 시대의
직장인들이 퇴근 후 피곤한 몸을 이끌고 자기계발
모임에 참여하고, 운동을 하고, 개인방송을 제작하며,
또 다른 직업을 가진단 말인가. 오늘날의 청년들은
남다른 패기로 의지를 불사르고 있다. 다만 방향이
과거와 조금 달라졌을 뿐이다. 성공이 아니라 성장으로.

하우 투 딴짓 _ 조재형

성장

일직선의 레이스를 벗어났다는 생각만 해도 마음에
있던 돌덩이가 사라진 기분이 들었다. 지구처럼 둥근
원형에서 지금 내 위치에 점을 찍고 거기서부터
쭈우욱 뻗어나가면 되는 것. 나만의 원형 레이스를
상상하고 그려보니, 우리가 그토록 바라는
성장이라는 것도 남들에 의해 짜인 진학, 취업이 아닌
나만의 성장 '포인트'를 찾아가는 것이라는 깨달음이
불현듯 찾아왔다. 앞서가는 사람도, 뒤처진 사람도 없이
그냥 자신만의 길을 자신의 속도로
묵묵히 걸어갈 수 있는 레이스.

성공

최근 '성공'에 대한 정의를 생각해본 적이 있는데

다시 생각해보니 성공이란 바로 이런 거다.

작고 순수하지만 그 순간의 나만을 위한 성공,

다른 사람과 비교할 필요가 없는 성공의 기준.

성공 별거 있나?!

별게 다 영감 _ 이승희

결국 사람의 일

상사는 회식 없는 리더십을 모색해야 하고,

선생님은 권위 없는 지식 나눔을 해야 한다.

결국 사람의 일

서로 필요할 때 도움을 주고받을 수 있는

가치 있는 사람이 될 것.

새로운 인연을 만들 때도

분명한 지원 사유, 역량, 경험을 바탕으로

상대방에게 예의를 갖출 것.

결국 사람의 일

'사람이 모여 있다'는 의미를 한 번 더 생각해보자는

거죠. 회사와 사회, 둘 다 같은 한자를 쓰거든요.

모일 회會에 모일 사社, 모일 사社에 모일 회會. 그 의미를

한 번 더 생각했으면 좋겠어요.

결국 사람의 일

기획 역시 같은 내용이라도 기획자가 바뀌면

새로운 기획입니다. 과거에 비슷한 기획이 있었다고

실패하진 않습니다. 오히려 비슷한 기획이 있다는

사실을 긍정적으로 받아들일 수 있습니다. 지금까지

없었던 기획보다 사람들이 받아들일 가능성이 크다고

볼 수 있기 때문입니다. 같은 내용이라도 언제 나오냐에

따라 결과가 변하는 게 기획입니다.

'비슷한 걸 전에 했으니까', '다른 곳에 이미 있으니까'라

는 이유만으로 기획을 거절하는 것은 미처

발견하지 못한 가능성마저 없애버리는 일이

될 수 있음을 기억해야 합니다.

기획은 결정이다 _ 다카세 아쓰야 지음, 김영주 옮김

결국 사람의 일

수많은 기업이 기술 중심의 혁신을 경영의 핵심
어젠다로 내세우는 21세기에도, 여전히 사람은 기업의
가장 중요한 자원이자 경쟁력이다. 즉 조직 구성원들에
게 동기를 부여해 일을 잘하도록 이끄는 것이 경영의
전부라 해도 과언이 아니다. 한마디로 '사람을 남기는
것.' 그리고 이는 전적으로 팀을, 사업부를, 기업을
이끄는 리더의 책임이다.

결국 사람의 일

어떤 사람은 기계를 보고

어떤 사람은 사람을 본다.

그리고 어떤 사람은

그 사람을 보는 사람들까지 본다.

이 셋 중 누가 승자가 될지는 자명하다.

상상하지 말라 _ 송길영

일상과 일 기획하기

생각한 것을 세상에 내보이는 일이 '기획'입니다.
그 과정에서 좀 더 확장되고 정교해지며 즐거울 수 있으니,
일에서뿐만 아니라 일상에서도 기획이 필요하지 않을까요?
내 일상에서부터 반짝이는 생각이 머문다면
일도, 삶도 매일 더 나아질 것입니다.

기획은 결정

기획이란 '무언가를 실현하면서 결정한 결과'입니다.

결정이란 과정을 거치지 않으면, 타고난 감각도

번뜩이는 아이디어도 소용없습니다.

《기획은 결정이다》를 추천한 이유는 실제 제가 실행하는 기획의 방식과 저자의 메시지가 닮아 있다고 생각해서입니다. 성공한 기획에는 공통점이 있습니다. 빠른 결정, 실행, 다름입니다. 성공한 기획은 사무실 책상이나 회의실에서 갑자기 나오지 않습니다. 부족한 아이디어라도 일단 던진 후 동료와 완성해나가거나 세상에 내놓고 고객의 피드백을 받으면서 완성되는 것이 기획입니다. 지금 '될 것 같은 생각'을 품고 있다면 먼저 선보이고 빠르게 실행해보세요!

롱블랙 부대표 김종원

빨리 해보기

어디서 들은 이야기나 아이디어를 조합해서 저한테
빨리 해보라고 하시는 거예요. 그분들도 말하자면
동질감을 느끼는 것 같아요. 얘도 나같이 뭔가 만드는
애인데, 내 아이디어로 얘가 뭘할 수 있을 것 같으니까
말을 꺼내는 거야.

떠보기

대규모 기획뿐만 아니라 개인 차원의 가벼운 기획에도

떠보기는 효과적입니다. 뭔가 하고 싶은 일이 있다면

"이런 거 할 거야"라고 주위 사람에게 알려봅시다.

아무리 좋은 아이디어라 해도 혼자 품고 있으면

아무 소용없습니다. 누군가에게 알려야

좋다고 반응하는 동료가 모이고, 이런 반응에

용기가 생깁니다. 그렇게 기획이 진행됩니다.

일단 내놓기

기획이 성공하려면, 좋은 기획이 뭔지 고민하느라 시간
보내지 말고 일단 남들에게 내놓아야 합니다. 그리고
기획이 파고들 만한 사람을 찾아야 합니다. 99명을 두루
만족시킬지, 1명에게 강력하게 파고들지 선택해야겠죠.
일단 누군가의 감정에 파고들어 퍼진다면 그것이 '좋은
기획'입니다. 메시지가 1명에게 파고들지, 99명에게
파고들지, 100명에게 파고들지 기획 단계에서는
알 수 없습니다.

설득하기

설득은 이해시키는 게 전부가 아닙니다. 설득의 절반은 이해하는 과정입니다. 이해하려면 여백이 필요합니다. 아직 마음을 굳히지 않은 공간 말이죠. 확고하지 않은 믿음이 필요합니다.

마케터의 일 _ 장인성

호들갑 떨기

호들갑을 떠는 만큼 반짝이는 것을 발견할 수 있다.

관찰하기

데이터가 담고 있는 억조창생(億兆蒼生)의 삶이 얻어낸

작은 교훈들과 실수들은 우리 각자의 삶이

헛되지 않게 하는 데 소중히 쓰일 수 있습니다.

우리가 할 일은 그것을 올곧게 바라보고 옳은 결론을

도출해내는 것입니다. 편견 없이 제대로 볼 수만 있다면,

삶을 보든 데이터를 보든 그것은 중요하지 않습니다.

그러므로

관찰하고

관찰하고

관찰하십시오.

상상하지 말라 _ 송길영

경험 쌓기

비 오는 날 매장 안에 소리가 울리면 음악의 볼륨을
얼마나 조절하는 게 좋은지, 그날의 온도와 습도 차이나
조금씩 다른 불의 세기로 인해 '몇 분을 끓인다'라는
매뉴얼이 무색해지는 요리들을 어떻게 컨트롤해야
하는지, 그런 것들을 일정하게 맞출 수 있는 경험이
쌓이면 '장인'의 길로 가는 것이다.

장사는 아주 작은 경험과 실행을 차곡차곡 쌓아가는 일이라 생각합니다.

저는 언제나 카메라와 아이패드를 들고 다니며 글감을 수집하는데요. 주로 업무일지/ 식당공부/배달/일상/브랜드별 정리/ 감사일기/메뉴기획/여행 등의 수십 개 카테고리로 구분합니다. 이렇게까지 기록하는 이유는 컴퓨터 하드를 통째로 잃어버린 적이 있기 때문입니다. 일상의 사진들이 죄다 날아갔죠.

그다음부터 제가 정말 중요하게 여기는 것들은 디지털 앨범에 각별히 보관하기 시작했어요. 글감도 하나의 앨범으로 생각합니다. 제가 모은 글(생각)에는 마치 앨범처럼 하나의 프레임이 잡혀 있어요. 같은 프레임으로 바라본 것들을 기록하기 시작했어요. 마치 사진을 찍는 것처럼요. 식당에서도 "아, 이 장면을 담고 싶다"고 생각할 때 글로 기록했죠.

사진으로 남길 수 없는 것들이요.

《사장의 마음》은 그런 기록들의 전부나

마찬가지예요.

작가 김일도

균형잡기

기획은 수학처럼 딱 떨어지는 정답이 있는 영역이
아니고, 예술활동도 아니다. 여러 가지 재료를 잘
배합한, 보기 좋고 먹기 좋은 음식이다. 한 입
떠먹었을 때 행복감이 밀려오는, 한 그릇을 싹 비우고
참 잘 먹었다고 생각하게 되는 그런 음식이랄까.
그 음식에 손맛이 결정적인 역할을 했는지
정확한 레시피대로 되었는지, 먹는 사람에게는
그리 중요치 않다. 오직 최고의 맛을 내도록
이성과 감성의 적절한 균형을 꾀하는 것, 그것이
일 잘하는 MD의 감각이다.

기획하는 사람, MD _ 허윤

프레임 더하기

여행에서 무언가 새로운 것을 얻으려면 새로운 프레임이
필요하다. '여행' 자체가 새로운 프레임이기도 하지만
시장의 트렌드를 읽고 싶다면 마케터의 눈이라는
프레임을 놓치지 말아야 한다. 아울러 투자기회를
발견하려면 자신이 지니고 있는 기존 프레임에
'투자'라는 프레임을 추가해보자. 마케팅과 투자
프레임이 작동할 수 있도록 관련 지식을 평균 이상으로
갖추고, 여행하는 내내 그 프레임을 염두에 두는 것이다.
그래야 관찰이 기회 포착으로 이어질 수 있다.
무릇 아는 만큼, 관심 있는 만큼 보이는 법이므로.

당연히 '프레임'이 여행지에서만 힘을 발휘하는 것은 아니다. 프레임은 시장을 이해해야 하는 사람들과 마케터에게 필요한 감각이자, 남들이 보지 못한 기회를 찾아내는 눈 밝은 투자자에게 필요한 역량이다.

하지만 프레임의 진정한 매력은 같은 것을 다르게 봄으로써 일상을 지루하지 않게 살아내는 것이다. 매일매일 엇비슷해 보이는 출근길 풍경, 나른하게 흘러가는 대화, 크게 다르지 않은 삶의 모습에 자기다운 '의미'를 부여하는 것이 프레임이다. 현명한 관찰자와 즐거운 분석가로 살아가고 싶다면 나만의 프레임을 가져보시길 권한다.

작가 김석현

맥락 찾기

여행하다 보면 멈추어 있는 건축물과 움직이는
사람들이 대비되며, 건축물과 사람들의 상호작용이
눈에 들어온다. 특히 건축물의 기능(미술관, 오피스, 주택,
공공건물, 상업시설, 복합기능의 단지)에 따라 사람들의
행동패턴이 달라지는데, 디자인을 연구하는 나에게는
이 사실이 무척 흥미롭게 다가온다. 주변의 역사적,
지리적, 사회적, 지역적인 맥락이 공간에
어떻게 영향을 미치는지를 발견하는 것도
도시 여행자의 놓칠 수 없는 즐거움이다. 그 지역만의
맥락을 지닌 공간들을 하나둘씩 찾아낼 때마다
도시를 보는 관점이 달라지고 시야는 넓어진다.

'기획의 요령'을 패턴 랭귀지로 정리하기로 결심한 또 하나의 이유는 제 자신의 성장을 위해서입니다.

옛날에는 저도 즉문즉답하듯이 '이런 경우에는 이렇게 생각하면 된다'는 말을 했습니다. 하지만 나이를 먹어가면서 아무래도 예전만 못하다는 것을 느낍니다. 더 늦기 전에 아이디어 떠올리는 방법을 정리하지 않으면 기획의 질이 올라가지 않겠다는 위기의식이 들었습니다. 이것이 최근 몇 년간 제 과제였습니다. 그래서 패턴 랭귀지를 사용해 최대한 효율적으로 '기획의 요령'을 정리하기로 했습니다.

기획은 패턴이다
가지와라 후미오 · 이바 다카시 지음
김영주 · 모모세 히로유키 옮김, 이원제 감수

일탈 더하기

매력적인 기획, 완성도 높은 기획을 하려면 약간의
'일탈'이 가미되어야 합니다. 기획의 일부 요소에
적당한 유희나 재미, 의외성을 집어넣어 보세요.
기획 전체에 자신만의 특색을 부여할 수 있습니다.
그렇게 차별화한 기획은 화제가 되고
사업성도 좋습니다.

기획은 패턴이다
가지와라 후미오·이바 다카시 지음
김영주·모모세 히로유키 옮김, 이원제 감수

취향 더하기

물질의 풍요를 넘어 과잉인 시대, 중요한 것은 개인의 취향과 안목 혹은 센스다. 알다시피 안목은 공부의 시간이 필요하다. 이런 수고를 줄이고 싶은 사람, 고민을 아웃소싱하고 싶은 사람들에게 구독은 매혹적인 선택지가 된다. 모든 사람이 모든 것의 전문가가 될 수는 없지만, 모든 부분에서 수준을 올리고 싶은 욕망은 있는 법, '필요'를 채우던 기존의 정기배송보다 필요에 '안목'이라는 가치가 더해진 구독으로 한층 세련된 라이프스타일을 시작할 수 있다.

지속가능성

'멋지고(디자인성), 수익성 있고(사업성), 의미 있다(사회성)'는

3가지를 모두 구비하도록 특히 신경 씁니다.

기획은 패턴이다

가지와라 후미오·이바 다카시 지음

김영주·모모세 히로유키 옮김, 이원제 감수

이 메시지는 제가 쓴 《도시를 바꾸는 공간기획》에서 언급한 지속가능한 공간의 조건과도 맞닿아 있습니다. 첫째, 지역적, 역사적, 사회적 관점에서 볼 때 공간이 가진 고유한 맥락Context이 있는가? 그곳만의 맥락은 고유한 컨셉과 멋진 디자인을 낳습니다. 둘째, 공간의 맥락과 라이프스타일을 기반으로 사람들을 모을 수 있는 특별한 콘텐츠Contents가 있는가? 공간의 콘텐츠는 곧 수익을 올리는 기획의 사업성으로 이어집니다. 셋째, 콘텐츠를 통해 지역 주민들과 연결되는Connect 공간인가? 동네와 지역에 활기를 불어넣음으써 지역 주민들의 삶에 의미를 부여하는 사회성을 충족합니다. 지속가능한 공간이야말로 가장 훌륭한 기획의 시작이자 결과물입니다. 《기획은 패턴이다》를 기획한 이유이기도 하고요.

감수자 이원제

사고의 기준이 되는 기획 철학이 필요합니다. '나는
어디에 가치를 두고 있으며' '무엇을 우선시해야
하는가?'라는 기준이지요. 기획 철학이 정립돼 있으면
어떤 프로젝트라도 흔들리지 않고 나다운 기획을
만들 수 있습니다.

기획은 패턴이다
가지와라 후미오·이바 다카시 지음
김영주·모모세 히로유키 옮김, 이원제 감수

'나답게 일하고 나답게 살아가고 싶은 사람들의 이야기'를 전해야겠다는 북스톤의 슬로건은 이 책의 메시지와 맞닿아 있습니다. 《기획은 패턴이다》는 기획에 관련된 책이지만, 이 책을 통해 나다운 삶을 기획하고 실행에 옮기는 분들이 많아졌으면 좋겠습니다.

생각의 강함이란 책읽기를 통해 쌓인 '생각의 근육'이
늘어나야 가능한 것이 아닐까요. 수많은 정보들이
넘쳐나는 시대에 생각의 근육이 약한 사람은 누군가의
생각을 비판 없이 받아들이고 자신의 삶이 아닌
타인이 제시해주는 생각대로 살게 되는 약한 자의
비굴한 삶을 살게 될지도 모르죠. 한 인간이 정말
잘 살았다는 것은 돈을 많이 벌거나 명예를 크게
얻는 것이 아니라 자신만의 삶을 스스로 결정하고
자기다운 삶을 살아가는 것이겠죠. 이것이 진정
자유로운 삶이에요.

일상 기획

투자에 이르기까지 생각의 흐름을 기록하며 복기하고,
실패에서 배워야 할 점을 꾸준히 적는 것도 공부의
일환이다. 와인을 마시는 사람들이 와인노트를
쓰는 것처럼, 개인 투자자라면 투자일기를 써보는 것이
큰 도움이 된다. 나 역시 하루 중 투자와 관련된 생각이
떠오를 때마다 메모 앱에 짤막하게 기록하고, 매일 밤
그 기록들을 엮고, 관련해서 검색 및 공부를 하고,
살을 붙여 구글 닥스에 글로 남긴다. 개인 투자자의
경쟁력은 꾸준함에 있다. 꾸준함이란
변함없음을 의미하는 것이 아니라, 변함없이 노력하는
것이라던 누군가의 조언을 지금도 기억한다.

마케터의 투자법 _ 김석현

창의성 키우기

을지로가 창의성에 도움이 되는 이유가, 다양한
산업군의 사람들이 많아서이기도 해요. 가령 역삼이나
선릉에는 게임회사나 일반 기업이 많고 여의도 가면
금융권 있고 홍대에는 출판, 디자인이고. 그러다 보면
알게 모르게 비슷한 사람들만 만나게 되거든요. 그런데
을지로는 직업도 직군도 나이와 세대도 다르다 보니
다양한 삶의 방식을 보면서 창의성을 배우는 게 아닐까
하는 생각이 들어요.

이 문장은 저의 친구이자, 책을 쓸 당시 '청계아트클럽'에서 활동하던 권동현 일러스트레이터가 해준 이야기예요. 을지로는 다양한 삶의 방식과 창의성이 느껴지는 곳이라는 데 공감합니다. 저는 을지로를 '매력을 찾아내어 기록하는 재미가 있는 곳'이라 말하고 싶어요. 저에게 여행은 마냥 아름답고 멋진 것들을 감상하기보다는 매일매일 변해가는 장면들을 남기는 거거든요. 을지로야말로 도시의 이곳저곳을 그림과 사진으로 남기는 '시티트레킹Citytrekking'에 가장 적합한 여행지입니다. 물론 서울이라는 전제 하에서요.

작가 설동주

내가 만난 창업가 중에는 밤 9시에 출근해서

아침 7시에 퇴근하는 팀도 있었고,

이렇다 할 사무실은 없지만 전 세계 멋진 해변과 도시를

찾아다니며 일하는 팀도 있었다.

푸스볼 테이블과 미끄럼틀, 킥보드와 온갖 장난감들로

가득한 사무실에서 일하는 건지 노는 건지 알 수 없는

애매한 경계 속에서 세상을 바꾸는 아이디어가

나오기도 했다.

창의성 키우기

실제로 무지개가 뜰 때 세어보라. 결코 일곱 가지로
보이지 않는다. 색과 색 사이의 어렴풋한 곳에 수천수만
개의 색들이 보인다. 무지개색은 셀 수 없는 불가산不可算
명사인 것이다. 고정관념은 상상력의 적이다.
앵무새처럼 일곱 가지 무지개라고 외우는 것이 아니라,
호기심을 가지고 무지갯빛을 자기의 눈과 손으로 직접
세어보는 행위가 바로 '창의행동력'이다.
다양성이 창조력의 토양을 이루고, 행동하는 힘이
창조의 열매를 맺게 한다. 행동해야 통찰을 얻을 수
있고, 행동하는 사람이 이 세상의 법칙을 새롭게 만드는
'온리 원only one'이 될 수 있다.

창의행동력 _ 조윤경

사실 여러분의 모습이 이상한 건 아닙니다. 우리는 지금까지 그렇게 하도록 배웠거든요. '항상 맞는 이야기를 해야 한다. 남들보다 똑똑하고, 논리적 이야기를 해야 더 좋은 평가를 받을 수 있다'라고요. 하지만요. 세상의 혁신적 아이디어는 그런 똑똑한 질문에서 시작하지 않습니다. 세상의 혁신, 놀라운 발명품은 99% 이상 멍청한 질문에서 나옵니다. 이제부터 멍청한 질문을 세 개씩 뽑아봅시다. 이왕이면 멍청하고 크레이지하면 좋겠어요.

'다르게 생각하는 것은 어렵지만, 그렇게
하지 않으면 안 되는 시대에 살고 있다.
어떻게 하면 다르게 생각할 수 있을까?'
이런 고민을 하고 있던 즈음 운명처럼
이 책의 표지 디자인 의뢰를 받았습니다.
이 작업 자체가 저의 고민을 해결해보는
시도나 다름없었죠. 한쪽 면만 바라보지
않고, 여러 면을 살피는 입체적 사고인
디자인씽킹을 표지에서도 느낄 수 있길
바랐습니다. 세로와 가로로 글줄의 방향이
바뀌는 텍스트를 읽기 위해 책을 '양손으로'
이리저리 돌려보는 경험을 독자들도
해보셨을까요. 그렇게 만난 이 책을 통해
얻은 생각들은 분명 형형색색의
아름다움을 지녔을 거라고, 상상해봅니다.

FromtheType 이광호

브랜딩

내가 애정하는 브랜드가 나를 말해주기도,
브랜드를 이용하는 사람들이
곧 그 브랜드의 정체성이기도 합니다.
나는 어떤 브랜드를 애정하나요?
브랜드의 어떤 부분을 관심 있게 보나요?
어떤 부분을 닮고 싶나요?
어떤 부분을 보완하고 싶나요?
결국 나도 브랜드가 될 수 있을까요?

첫 번째 물음표다. "이 브랜드를 시작하겠다고 결심한
순간을 기억하는가?" "그때 어떤 느낌이 내 결심을
지지해줬나?" "하고 싶은 일을 떠올리면 가장 먼저 어떤
기분이 드는가?" "그 기분을 계속 느끼게 된다면 앞으로
어떤 감정으로 발전하게 될까?" "그 기분을 개선하고
싶다면 어떤 감정으로 바뀌길 원하는가?"

두 번째 물음표다. "당신이 느낀 그 감정의 긍정적인
면을 유지하고, 부정적인 면을 개선하기 위해 어떤
아이디어를 떠올렸는가?" "아이디어가 현실화되었을 때
사람들에게 어떤 감정으로 전달되길 바라는가?"
"사람들이 어떤 감정을 만들어내길 원하는가?"
"그 감정은 이후에 어떤 행동으로 이어지면 좋을까?"

출간 후 크고 작은 북토크를 통해 많은 분들을 만났습니다. 브랜드의 시작을 준비하는 분들, 기존의 브랜드를 더 나은 브랜드로 만들기 위해 고민하는 분들, 브랜드의 팬들과 좀 더 친밀하게 소통하려는 분들도 있었습니다. 독자들과 브랜드에 대한 찐 고민을 나누는 동안, 저 역시 성장하고 있다는 기분이 들었습니다. 이 책의 에필로그에 '좋아지는 변화를 브랜드와 함께할 수 있다는 것이 브랜딩의 가장 짜릿한 점'이라고 썼는데요. 독자들과 함께 이 책으로 성장할 수 있어서 짜릿했습니다. 앞으로 좋아지는 변화를 더 많이 만들어나가는 사람이 되어야겠다는 인생의 목표가 추가되었습니다.

작가 한지인

WHY

'Why me?'라는 말이 있다. 실제 외부에서 투자유치를
하거나 비즈니스 모델을 평가하는 기준에서 빠지지
않는 질문이다. 제품이나 서비스의 좋은 점은 알겠는데,
그것을 왜 당신이나 당신의 회사가 해야 하는지
설명하라는 요구다. 다시 말해 이런 제품이나 서비스는
누구나 언젠가 만들 수 있으므로(물론 시장에 내놓을 수
있는 제품이나 서비스를 만드는 것도 쉽지 않지만) 누가 '어떤
이유'로 만들었는지가 중요하다는 뜻이다.
스타트업이라면 '우리가 이 사업을 시작한 목적은
이것이며, 따라서 우리기 만든 제품이나 서비스는 이런
점에서 다르고, 고객들에게 이러저러한 가치를
제공한다'는 의미로 받아들이면 된다.

책을 쓴 지 꽤 시간이 지났지만 이 생각에는 변함이 없다. 아니, 오히려 더 굳건해졌고 확장되었다. 본질에 집중하면서 끊임없이 'why'에 대한 해답을 찾아가는 것은 스타트업뿐 아니라 스몰 브랜드와 개인의 영역에서도 통용된다. 사업을 시작하는 것이 결국 브랜드를 시작하는 것이고, 사업을 키우는 것이 바로 브랜드를 키우는 것이라는 데 공감하고 실행에 옮기는 기업과 사람들은 더욱더 많아졌다. 이제 '나만의 브랜드를 시작하자'는 제안을 책을 쓸 때보다는 가벼운(?) 마음으로 할 수 있게 되어 기쁠 따름이다.

작가 우승우·차상우

CONTENTS

디지털 콘텐츠를 만드는 사람은 소비자를
소비하는 사람으로만 두어서는 안 된다. 파트너로
끌어들여야 한다. 내가 아는 것보다 내가 만든 것에
더 애정이 가는 법이다. 나를 위해 준비된 것보다
내가 직접 참여한 것에 마음이 간다.

MD로 일하는 동안 업계의 유능한 리더들로부터 배운

최고의 레슨은 '리테일은 디테일'이라는 것이다.

여기에는 두 가지 뜻이 있다. 하나는 디테일이 모여

좋은 브랜드가 된다는 것이고, 다른 하나는

리테일은 디테일을 챙기면서 일해야 한다는 것이다.

기획하는 사람, MD _ 허윤

MESSAGE

Brand is the Message.

Content is the Message.

Network is the Message.

Lifestyle is the Message.

Your Every Move is the Message.

새로운 제품 시장에서 성공하려면 순서가 있어.

선도 브랜드가 되거나 차별적 브랜드로 인식시키는

것은 나중 일이고, 우선 시장을 키우는 게 먼저야.

경쟁사가 있다면 아직은 브랜드 경쟁을 자제하고

어떻게든 힘을 모아 시장의 크기를 함께 키워가야 해.

그런데 성급한 스타트업들이 초반부터 경쟁하느라

시장을 망치는 경우가 은근히 있더라.

자기다움

살아남는 기업들의 유일한 공통점은
'자기다움'을 만들고 지켜간다는 것이다.

오래도록 사랑받는 브랜드의 공통점 중 하나는 '지속성Continuity'이에요. 변하지 않는다는 의미가 아니라, 본질은 유지하되 껍질은 바꾸어서 신선함을 더한다는 의미죠. "Change it, but do not change it."은 포르셰다움을 고수하는 포르셰 자동차의 디자인 철학입니다. 마케터들에게 금언처럼 알려진 앱솔루트 보드카의 슬로건 "Never different, but always changing."도 같은 맥락이죠.

세계적으로 유명한 브랜드들만의 이야기가 아닙니다. 그 사례로 불닭볶음면을 들어볼까요. 독특한 매운맛으로 인기를 얻은 붉닭볶음면은 애초 한정판이었던 까르보 불닭볶음면으로 기대 이상의 성과를 얻은 이후 끊임없이 변화, 진화해왔습니다. 두 배 더 매운 핵불닭볶음면을 시작으로 짜장 불닭볶음면, 쫄볶이 불닭볶음면,

커리 불닭볶음면, 마라 불닭볶음면,

쿨 불닭볶음면 등을 내놓았죠.

'불닭'이라는 브랜드로 불닭만두,

불닭볶음밥, 불닭떡볶이, 불닭김밥, 핵불닭

반숙란까지 다양한 카테고리의 제품도

선보였습니다. 불닭 덕후들은 지루해질

틈이 없죠.

'불닭'은 한국인이 좋아하는 톡 쏘는 맛

혹은 매운맛의 대명사였습니다. 그 매운맛,

즉 본질을 지키되 꾸준히 변화를 시도해온

덕분에 그다음 신상이 기대되는 하나의

브랜드가 되었지요. 우리 브랜드는 무엇을

보장하나요, 그리고 어떤 새로움을 주나요.

이 두 가지를 지속할 때 브랜드의

자기다움이 드러날 것입니다.

작가 홍성태

자기다움

어떤 브랜드를 만들지 고민을 많이 했는데, 결론은
저 같은 브랜드였어요. 저 같지 않은 브랜드를
운영해봤더니, 가면을 쓰고 하는 거잖아요.
브랜드와 내가 다르면 되게 힘들어요.
판단이 안 서거든요. 브랜드가 내가 아니니까,
무슨 문제가 터졌을 때 감수성이 떨어져요. 이걸
어떻게 대응해야 하지? 그런데 나 같은 브랜드면
바로 대응이 돼요. 나라면 이렇게 할 테니까.

파는 사람들

유재용·박종철·김일도·고재현·전부열·김상민
홍의창·박형식·정순택·박민재·권기남·노광준

정체성

'프랑스 사람스러움'이나 '독일제품다움'이라 하면
머릿속에 탁 떠오르는 이미지가 있을 것이다. 이를
문화적 정체성(cultural identity)이라 일컫는다. 이와
마찬가지로 브랜드 중에도 자기 고유의 문화적
정체성을 창출한 브랜드가 많다. 스와치, 레고, 애플,
벤츠, 나이키 등의 브랜드들은 이러한 '다움'을 창출하고
지켜간 덕에 사랑받는 장수 브랜드로 자리 잡았다.

차별화

Better is not enough. Try to be different.

나음보다 다름 _ 홍성태·조수용

"특색이 있잖아요. 완전 삭막하게 현대적인 것도 아니고
그렇다고 완전히 가라앉은 구식도 아니고."

기존과 전혀 다른 새로운 것이면서 동시에
쉽고 간결한 솔루션을 필요로 하는 과제들은
삶에서든 일에서든 언제든지 찾아옵니다. 그때
브라운 형제와 디터 람스가 디자인을 대했던 태도를
떠올리면 제법 도움을 얻을지도 모릅니다. 새로운 것에
대한 두려움 없는 도전 정신, 그리고 그렇게 얻은 것들을
날것 그대로 두지 않고 엄격한 원칙으로 정돈하는 태도.
이 두 가지를 공존시키겠다는 의지가 시간을 이겨내는
변화를 만드는 비밀이 아닐까요.

일상의 브랜드

사람들은, 의식하든 하지 않든 매 순간 여러 가지 브랜드를 관리하고 있다. 우선 본인의 이름 석자가 관리해야 할 첫 번째 브랜드다. 나아가 자기가 속한 기업의 브랜드는 물론이고, 가문의 명예나 졸업한 학교의 명성, 조국의 이미지에 이르기까지 그 이름의 가치를 높이려 신경 쓴다. 어찌 보면 사람들이 일생 동안 하는 일이, 본인과 관련되는 각종 '브랜드를 관리하며 사는 것(branding)'이 아닌가 싶다.

이 문장을 읽으면서 누구나 마음만 먹으면 브랜드가 될 수 있지만 브랜드로 남는 것은 어렵다고 생각했습니다. 매 순간 브랜드의 가치를 높이려 신경 써야 하고 일생 동안 브랜드를 관리해야 하기 때문입니다. 좋은 브랜드와 나쁜 브랜드가 따로 있다고 생각지 않습니다. 우선 브랜드로 남아 있다면 그 자체만으로 좋은 브랜드라 생각합니다. 북스톤에서 출간한 홍성태 교수님의 네 번째 책 제목은 《브랜드로 남는다는 것》입니다.

일상의 브랜드

여행을 가면 반드시 들르는 곳이 있다. 마트와 슈퍼마켓
등 식품이 유통되는 곳이다. 현지인들이 먹는 다양한
식품 및 식자재를 구경하고 맛보는 즐거움에다
여행 경비를 줄이는 이점도 있지만, 무엇보다
한 사회의 소비자와 브랜드가 가장 많이 모이는
공간이기 때문이다.

뛰어난 제품을 만드는 것도 중요하지만, 궁극적으로
사람들에게 어떠한 문화를 만들어줄 것인지를 곰곰이
생각해보라. 그것이 가장 훌륭한 제품이자
침범할 수 없는 이미지 경쟁력이다.

나음보다 다름 _ 홍성태·조수용

문화

문화를 바탕으로 성장한 세대는 경기가 매년 침체이고
늘 경제성장이 더뎌도 그들이 즐겨온 문화가 성장을
멈추는 것은 본 적이 없다.

오히려 그들이 좋아했던 모든 작은 애호들은 산업이
되고 직업이 되었다. 국내 가수가 그래미 후보가 되고,
국내 영화는 아카데미 작품상을 받고, 게임을 하는
행위는 고연봉 직업이 되었다. 그래프로 본다면
지금 매수해도 늦지 않았을 거라는 확신을 주는
기분 좋은 추세선이다.

컨셉

브랜드 컨셉은 브랜드 스스로 말하는 것이 아니다.
아무리 혼자서 우리 브랜드의 비전이 어떻고 장점이
무엇이고 사명이 무엇이라고 떠들어봐야 "저 착한
사람이에요" 하고 우기는 것처럼 소용이 없다. 남들이
우리 브랜드를 어떻게 생각하는지, 우리 브랜드를 보고
무엇을 떠올리는지가 중요하다. 그럼으로써 고객 스스로
'당신은 착한 사람'이라고 말하도록 하는 것. 이것이
이 책에서 계속 강조하는 '인식에서의 차별화'이자,
작게 차별화된 브랜드 컨셉이다.

느낌

"사람들은 당신이 한 말을 잊고 당신이 한 행동도
잊지만, 당신이 준 느낌만큼은 결코 잊지 않는다."
작가 마야 안젤루의 말은 디지털 전환 시대에 '고객에게
어떤 경험을 하게 하느냐'가 가장 중요하다는 사실을
곱씹게 해준다. 지금은 물질의 시대가 아닌
경험의 시대이고, 물건을 팔려고 하기보다는 제품과
함께 어떤 경험을 할 수 있을지를 생각해야 한다.

감동

"한 명만 감동시키면 모두를 감동시킬 수 있습니다."

진정성

진정성authenticity의 어원은 '스스로' 무엇인가를
'성취하는' 것입니다. 결국 진정성 있는 행동이란
내가 의도하고, 내가 행한 거예요.
이를 업의 관점에서 풀어보면 주체성과 전문성이라는
두 가지 덕목으로 해석할 수 있습니다. 내가 한다는 건
첫째는 의지의 문제이고요, 둘째로는 전문성의
문제입니다. 즉 내가 하고 싶고, 할 수 있느냐입니다.
이 두 가지를 갖춘 순간, 우리는 신뢰를 얻습니다.

진정성

"진정성이 착하고 바른 것만을 의미하는 것은 아니라고 생각해요. 그보다는 술을 좋아하는 사람이 술에 대해 연구하며 술을 만들고, 빵을 좋아하는 사람이 빵을 만드는 일이라고 생각합니다. 하루하루 빵 만드는 게 힘든 사람이 만든 빵과, 어떻게 하면 좀 더 맛있는 빵을 만들어 빵 굽는 냄새가 고객 입가에 미소를 짓게 할까 연구하며 만드는 사람의 빵은 전혀 다르겠죠."

진정성

2020년대는 신념의 시대다. 여기서 신념은 무섭고 무거운 것이 아니다. 신념은 돈을 포기하는 것도 아니고, 예쁘지 않은 것은 더욱더 아니다. 10대 커뮤니티에서 가장 많이 나오는 가치 표현어인 '진심'이라고 표현되는 것이다.

"옳은 것만으론 부족하다. 옳은 이야기를 하더라도
상대방이 수용할 준비를 하게끔 분위기를 조성한 후에
좋은 이야기로 만들어 전달해야 한다." 그것은
사기가 아니라 상대방에 대한 사려 깊은
존중이고 배려다.

회사에서 감정을 배제하려는 이유는 성과평가와도
연관되어 있는 것 같아요. 성과나 승진 등에
감정이 작용하면 곤란하니 회사에서는 감정을 배제한
커뮤니케이션을 하라고 하죠. 이때는 감정의 관점을
바꾸어볼 필요가 있어요. 감정을 단순히 '좋아하는
사람에게 잘해주자'로 접근하는 게 아니라 '내 의견이
먹히게 하려면 듣는 사람의 감정을 배려하자'고
생각하는 거죠. 결국 감정을 배제한 커뮤니케이션을
하라는 게 아니라고 생각합니다.

세상에서 가장 편한 마케팅이 무엇인가 하면, 이미 있는 민낯을 보여주는 것입니다. 대부분 없는 것을 억지로 상상해서 만들려다가 실패하는데, 이미 있는 것을 건드려주면 실패하기가 어렵습니다.

상상하지 말라 _ 송길영

커뮤니케이션

지속성의 핵심 전략은 사람들의 충성심loyalty을
유지하는 것이다. 그러려면 '본질'은 지키되,
본질의 표현은 디자인을 통해서든 커뮤니케이션을
통해서든 계속 바꾸어가면서 '자기다움'을 만들어내야
한다. 이때 중심 컨셉에 대한 '흔들리지 않는 믿음'과
'변화의 창의성'이 지속성의 핵심이다.

왜 우리는 인스타그램에서 인플루언서를 팔로우하고
댓글을 달까요? 인플루언서가 가진 정보가 필요하니
팔로우하고, 정보에 대한 감사를 표시하기 위해 댓글을
달지만 가장 근본적인 이유는 그 인플루언서를
좋아하기 때문입니다. 그런데 내가 남긴 댓글에
인플루언서가 대댓글을 달아준다면, 그에게 나의
존재가 인정받는다는 뜻이니 호감은 더 높아질 수밖에
없습니다. 긍정적 확증편향이 시작되는 겁니다.

니즈와 원츠

일어날 일이 일어나는 이유는 운명론이거나 정해진 결과가 예정되어 있기 때문이 아닙니다. 우리가 그것을 선호하고, 그것을 원하기 때문입니다.

데이터 속 패턴을 보는 일을 업으로 택한 초기, 제 마음을 가장 무겁게 한 것은 상관관계correlation와 인과관계causality의 문제였습니다. 일정한 수치로 계산된 대상들 간의 관련성을 추측할 수는 있지만, 그것이 과연 원인과 결과의 합으로 작동되는지 증명하는 건 어려운 일이기 때문입니다. 그러다 데이터 속에 담긴 사람들의 욕망을 그러모아 그 확산과 변천을 추적하며, 우리가 원하는 것이 선택되고 그렇지 않은 것은 사라지는 것을 보았습니다. 소수자에 대한 배려, 좀 더 평등한 사회, 환경에 대한 인식, 생태에 대한 포용과 같이 우리가 추구하는 가치는 서로 공유되고 독려되며 새로운 사회의 합의를 만들어 나감을 확인할 수 있었습니다. 그 합의점을 이해할 수 있다면, 미리 그 자리에 가 있는 것은 어떨까요?

일어날 일은, 일어납니다. 우리의 삶이

새로운 양식이 더욱 빠른 속도로 새롭게

정의되는 지금은 더욱 그러합니다.

작가 송길영

하루 세 끼 밥을 먹는 니즈(필요)라는 것은 모든
사람에게 동일한 공통분모야. 하지만 어떤 음식을
먹을까 하는 원츠(욕구)라는 건 분자야. 분자의 크기에
따라 행복은 얼마든지 키울 수 있고 시장의 크기도
달라진단다.

예전에는 욕구의 넓이나 깊이가 비슷했잖아? 반면
오늘날은 개성을 추구하려는 선택의 폭과 취향의
깊이가 넓고 깊어진다는 사실에 눈을 돌리면 더 큰
시장이 보일 거야.

문제 해결

브랜드는 단순히 멋진 로고와 디자인으로 완성되는 게 아니라, 고객들이 가진 문제를 진심으로 해결해가는 과정에서 키울 수 있습니다.

문제 해결

결국 이 가게를 완성시켜주는 건 고객이에요. 장사하다
보면 고객의 소리가 들려요. 그걸 잘 듣고 유연하게
반영해야 고객이 원하는 방향으로 나아갈 수 있어요.

문제 해결

"어떻게 하면 큰 비용 들이지 않고 우리 브랜드를 알릴 수 있을까요?"입니다. 이 질문에 대해 먼저 답하자면, 많은 비용을 투입할 수 없으면 그 대신 시간을 더 많이 써야 합니다.

어쩌면 이 이야기를 하고 싶어서 책을 썼다고 해도 과언이 아닐 겁니다. 아무리 큰 기업도 작은 브랜드도 적은 비용으로 큰 이익을 얻고 싶다는 마음은 마찬가지입니다. 문제는 비용을 덜 들이려면 '실행'을 해야 한다는 거죠. 우리 브랜드의 팬이 있으면 당연히 좋겠지만 그전에 팬을 '만드는' 노력, 아니 시작부터 해야 합니다. 단순한 시작으로 그쳐서는 안 되겠죠. 자전거를 한 번 타고 능수능란하게 탈 수 없는 것처럼, 한 번의 시도로 우리 팬이 생기지는 않을 테니까요. 꾸준히 시간을 쓰면서 우리 브랜드의 팬을 만들어보세요. 그들의 마음을 이해하고 소통하고 믿음을 얻어 보세요. 이게 바로 '팬을 만드는 마케팅'입니다.

작가 문영호

디지털 전환은 'transformation'이라는 단어가 보여주듯
조직에 '변화'를 가져오는 것이다. 그리고 변화의 방향은
기업이 추구하는 고유한 가치에서 시작한다. 나이키의
기업 미션은 운동을 하는 모든 사람에게 영감을
제공하고 성과를 높일 수 있도록 도움을 주는 것이다.
수수료 없는 주식거래를 개척한 로빈후드의 미션은
모든 사람의 재무관리를 민주화하는 것이다. 자신의
미션을 수행하기에 적절한 데이터와 기술을 결합해
변화된 디지털 세상에 꼭 필요한 가치를 만들어내는
능력이야말로 기업의 강력한 성공요인이다.

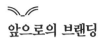
데이터가 있을 때, 우리는 수평적이 된다. 데이터 없이

앉아 있을 때는 상급자의 의견이 결정적이지만,

데이터가 있을 때 우리는 모두 데이터를 바라보는

평등한 눈이다. 따라서 얼핏 생각하면 데이터 드리븐

data-driven은 사람의 직관을 무시하는 것 같지만

데이터 드리븐은 오히려 사람을 믿는 것이다.

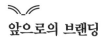

앞으로의 브랜딩

새로운 시대에는 새로운 브랜딩 전략이 필요하다.

과거의 브랜딩이 오랜 시간 지속가능한sustainable 것을

만들어가는 과정이었다면, 앞으로의 브랜딩 전략은

변해가는 환경에 적응가능한adaptable 체질을

만들어가는 과정일지 모른다.

저자 노트 ✓

이 시대의 소비 주도권을 쥐고 있는 것은 누가 뭐라 해도 Z세대로 대변되는 '디지털 네이티브'다. 트렌드와 변화에 민감한 그들의 소비문법을 이해하려면 빠르게 사고하고 움직이는 기민함이 필요하다. 적응가능한adaptable 체질을 갖춰가는 과정인 셈이다. 하지만 그러한 와중에 Z세대가 지향하는 가치소비를 외면해서는 안 된다. 지속가능한 가치와 삶을 꿈꾸는 Z세대는 나날이 늘어나고 있다. 이 책으로 디지털 시대와 노는 법에 익숙해졌다면, 이제 디지털 시대에 사는 법을 주목해야 한다.

작가 우승우·이승윤·차상우

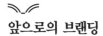

앞으로의 브랜딩

최근에 문을 연 디올 카페, 구찌 레스토랑, 루이비통 레스토랑 등은 소비의 빈도를 높이기 위한 전략이자 식食의 프리미엄화와 연관된다. 브랜드의 고유성과 한정판은 유지한 채 '특별한 사람에게만'이라는 기조만 버렸다. 아니다, 버린 것이 아니라 특별한 사람의 기준이 달라진 것이라 보는 것이 맞겠다. 어찌 보면 모든 사람은 다 특별한 사람이다. 동경의 소비를 바라보는 데 타자적 시각은 통하지 않는다. 모든 사람은 최고를 누릴 자격이 있다. 왜 아니라고 생각하는가?

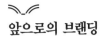

앞으로의 브랜딩

방향이 먼저입니다.

그냥 해보고 나서 생각하지 말고,

일단 하고 나서 검증하지 말고,

생각을 먼저 하세요.

'Think first'가 되어야 합니다.

Don't Just Do It.

하이라이트

2022년 11월 2일 초판 1쇄 발행

지은이 북스톤

펴낸이 김은경
책임편집 이은규
편집 권정희
마케팅 박선영
디자인 김경미
경영지원 이연정

펴낸곳 ㈜북스톤
주소 서울특별시 성동구 성수이로20길 3, 6층 602호
대표전화 02-6463-7000
팩스 02-6499-1706
이메일 info@book-stone.co.kr
출판등록 2015년 1월 2일 제2018-000078호

ISBN 979-11-91211-85-6 (03190)

북스톤은 세상에 오래 남는 책을 만들고자 합니다. 이에 동참을 원하는 독자 여러분의 아이디어와 원고를 기다리고 있습니다. 책으로 엮기를 원하는 기획이나 원고가 있으신 분은 연락처와 함께 이메일 info@book-stone.co.kr로 보내주세요. 돌에 새기듯, 오래 남는 지혜를 전하는 데 힘쓰겠습니다.